2025年☆春 受験用

解答集

岡山県 岡山白陵 中学校

2020〜2014年度の7年分

本書は，実物をなるべくそのままに，プリント形式で年度ごとに収録しています。
問題用紙を教科別に分けて使うことができるので，本番さながらの演習ができます。

■ 収録内容

・解答集（この冊子です）

　　　書籍ID番号，この問題集の使い方，リアル過去問の活用，解答例と解説，
　　　ご使用にあたってのお願い・ご注意，お問い合わせ

・2020（令和２）年度 〜 2014（平成26）年度　学力検査問題

○は収録あり	年度	'20	'19	'18	'17	'16	'15	'14
■ 問題収録		○	○	○	○	○	○	○
■ 解答用紙		○	○	○	○	○	○	○
■ 解答		○	○	○	○	○	○	○
■ 解説		○	○	○	○	○	○	○
■ 配点（大問ごと）		○		○		○		

☆問題文等の非掲載はありません

もっと過去問！シリーズ

Ｋ 教英出版

■ 書籍ＩＤ番号

入試に役立つダウンロード付録や学校情報などを随時更新して掲載しています。
教英出版ウェブサイトの「ご購入者様のページ」画面で，書籍ＩＤ番号を入力してご利用ください。

書籍ＩＤ番号　**182031** ▶

（有効期限：2025年9月30日まで）

【入試に役立つダウンロード付録】
「中学合格への道」

■ この問題集の使い方

年度ごとにプリント形式で収録しています。針を外して教科ごとに分けて使用します。①片側，②中央
のどちらかでとじてありますので，下図を参考に，問題用紙と解答用紙に分けて準備をしましょう（解答
用紙がない場合もあります）。

針を外すときは，けがをしないように十分注意してください。また，針を外すと紛失しやすくなります
ので気をつけましょう。

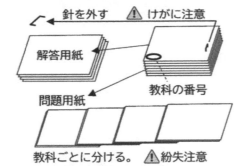

① 片側でとじてあるもの

② 中央でとじてあるもの

※教科数が上図と異なる場合があります。
　解答用紙がない場合や，問題と一体になっている場合があります。
　教科の番号は，教科ごとに分けるときの参考にしてください。

リアル過去問の活用

~リアル過去問なら入試本番で力を発揮することができる~

✿ 本番を体験しよう！

問題用紙の形式（縦向き／横向き），問題の配置や余白など，実物に近い紙面構成なので本番の臨場感が味わえます。まずはパラパラとめくって眺めてみてください。「これが志望校の入試問題なんだ！」と思えば入試に向けて気持ちが高まることでしょう。

✿ 入試を知ろう！

同じ教科の過去数年分の問題紙面を並べて，見比べてみましょう。

① 問題の量

毎年同じ大問数か，年によって違うのか，また全体の問題量はどのくらいか知っておきましょう。どのくらいのスピードで解けば時間内に終わるのか，大問ひとつにかけられる時間を計算してみましょう。

② 出題分野

よく出題されている分野とそうでない分野を見つけましょう。同じような問題が過去にも出題されていることに気がつくはずです。

③ 出題順序

得意な分野が毎年同じ大問番号で出題されていると分かれば，本番で取りこぼさないように先回りして解答することができるでしょう。

④ 解答方法

記述式か選択式か（マークシートか），見ておきましょう。記述式なら，単位まで書く必要があるかどうか，文字数はどのくらいかなど，細かいところまでチェックしておきましょう。計算過程を書く必要があるかどうかも重要です。

⑤ 問題の難易度

必ず正解したい基本問題，条件や指示の読み間違いといったケアレスミスに気をつけたい問題，後回しにしたほうがいい問題などをチェックしておきましょう。

✿ 問題を解こう！

志望校の入試傾向をつかんだら，問題を何度も解いていきましょう。ほかにも問題文の独特な言いまわしや，その学校独自の答え方を発見できることもあるでしょう。オリンピックや環境問題など，話題になった出来事を毎年出題する学校だと分かれば，日頃のニュースの見かたも変わってきます。

こうして志望校の入試傾向を知り対策を立てることこそが，過去問を解く最大の理由なのです。

✿ 実力を知ろう！

過去問を解くにあたって，得点はそれほど重要ではありません。大切なのは，志望校の過去問演習を通して，苦手な教科，苦手な分野を知ることです。苦手な教科，分野が分かったら，教科書や参考書に戻って重点的に学習する時間をつくりましょう。今の自分の実力を知れば，入試本番までの勉強の道すじが見えてきます。

✿ 試験に慣れよう！

入試では時間配分も重要です。本番で時間が足りなくなってあわてないように，リアル過去問で実戦演習をして，時間配分や出題パターンに慣れておきましょう。教科ごとに気持ちを切り替える練習もしておきましょう。

✿ 心を整えよう！

入試は誰でも緊張するものです。入試前日になったら，演習をやり尽くしたリアル過去問の表紙を眺めてみましょう。問題の内容を見る必要はもうありません。どんな形式だったかな？受験番号や氏名はどこに書くのかな？…ほんの少し見ておくだけでも，志望校の入試に向けて心の準備が整うことでしょう。

そして入試本番では，見慣れた問題紙面が緊張した心を落ち着かせてくれるはずです。

※まれに入試形式を変更する学校もありますが，条件はほかの受験生も同じです。心を整えてあせらずに問題に取りかかりましょう。

算 数

令和 ② 年度 解答例・解説

━━━━━━━ 《解答例》 ━━━━━━━

1 (1)21900　(2)$\frac{1}{4}$　(3)27　(4)6.5　(5)82　(6)37.68　(7)106

2 [I](1)55　(2)3300　　[II](1)4 : 5　(2)61

※3 (1)48　(2)17　(3)147.58

4 (1) 3　(2)36

※5 (1)A. 400　B. 500　(2)2880　(3)A. 130　B. 70

6 143

※の考え方や途中の式は解説を参照してください。

━━━━━━━ 《解 説》 ━━━━━━━

1 (1) 与式＝$\{\frac{16}{3}-(2-\frac{2}{5}\times\frac{5}{3})\}\times73\div(\frac{3}{150}-\frac{1}{150})=\{\frac{16}{3}-(2-\frac{2}{3})\}\times73\div\frac{1}{75}=(\frac{16}{3}-\frac{4}{3})\times73\times75=4\times75\times73=$

300×73＝21900

(2) 与式より，$\frac{22}{15}-5\div(□+6)=\frac{2}{3}$　　$5\div(□+6)=\frac{22}{15}-\frac{2}{3}$　　$5\div(□+6)=\frac{4}{5}$　　$□+6=5\div\frac{4}{5}$

$□+6=\frac{25}{4}$　　$□=\frac{25}{4}-6=\frac{1}{4}$

(3) かけた値が偶数にならないのは2つの数が奇数のときだけである。選んだ2つの数をかけると6×6＝

36(個)の式ができ，このうち奇数になる場合は3×3＝9(通り)あるから，偶数になるものは，36－9＝27(通り)

(4) 8％560gの食塩水の中には560×0.08＝44.8(g)の食塩がふくまれ，3％240gの食塩水の中には

240×0.03＝7.2(g)の食塩がふくまれるから，この2つの食塩水を混ぜると，食塩を 44.8＋7.2＝52(g)ふくんだ，

560＋240＝800(g)の食塩水ができる。よって，濃度は，$\frac{52}{800}\times100=6.5$(％)

(5) 1組と2組の合計点は81×60(点)，1組と3組の合計点は78×60(点)，2組と3組の合計点は77×60(点)だ

から，1組と2組と3組の合計点の2倍は，81×60＋78×60＋77×60＝(81＋78＋77)×60＝236×60(点)になる。

よって，1組と2組と3組の合計点は236×60÷2＝118×60(点)だから，1組の合計点は，118×60－77×60＝

(118－77)×60＝41×60(点)で，1組の平均点は，41×60÷30＝82(点)

(6) PQを結ぶと1辺が3cmの正三角形が2つできるから，斜線部分は，半径が3cmで中心角が360－60×2＝

240(度)のおうぎ形が2つあることになる。よって，求める面積は，$3\times3\times3.14\times\frac{240}{360}\times2=37.68$(cm²)

(7) 左の箱→右の箱と1回ずつ入れると，箱の中の個数は右の箱の方が1個ずつ多くなるから，右の箱の中の方

が7個多くなるのは，左の箱と右の箱に7回ずつ入れたときである。このとき，左右の箱の中には合わせて

1＋2＋3＋…＋14＝(1＋14)×14÷2＝105(個)の玉が入っているから，玉は全部で，105＋1＝106(個)

2 [I] (1) Aさんは，12分間で480÷2＝240(m)を追いついたことになるから，1分で240÷12＝20(m)近づく

ことになる。よって，Bさんの速さはAさんの速さより1分あたり20m遅いから，分速(75－20)m＝分速55m

(2) Aさんが3回目に追いつくのは，1回目に追いついてから，2人の進んだ道のりの差が480×2＝960(m)に

なるときである。Aさんが1回目に追いついてから，3回目に追いつくまでに960÷20＝48（分）かかるから，Bさんはこのときまでに12＋48＝60（分）歩いていることになる。よって，求める道のりは，55×60＝3300（m）

[II]（1）正方形の1辺の長さを3とすると，斜線部分の1つの直角三角形の面積は，2×1÷2＝1になる。
大きな正方形の面積は，3×3＝9で，斜線部分は4つの合同な直角三角形からできているから，
斜線部分と斜線が引かれていない部分の面積の比は，（1×4）:（9－1×4）＝4:5

（2）右のように記号をおく。(1)より，大きな正方形と内部の正方形の面積の比は，

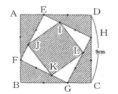

（4＋5）:5＝9:5とわかる。正方形ABCDの面積は9×9＝81（cm²）だから，
正方形EFGHの面積は，$81×\frac{5}{9}＝45$（cm²）である。正方形IJKLの面積は，
$45×\frac{5}{9}＝25$（cm²）だから，斜線部分の面積の和は，（81－45）＋25＝61（cm²）

3 （1）切り取られた面が，元の三角柱の面と平行になっていることから，表面積は，元の三角柱と同じになる。
三角柱について，底面積は3×4÷2＝6（cm²），側面積は3×（3＋4＋5）＝36（cm²）だから，求める表面積は，
6×2＋36＝48（cm²）

（2）6×3－1×1×1＝17（cm³）

（3）右のような立体ができる。底面の半径が4cmで高さが3cmの円柱の体積から，
底面の半径が1cmで高さが1cmの円柱の体積を引いて，

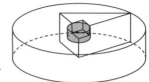

4×4×3.14×3－1×1×3.14×1＝（48－1）×3.14＝47×3.14＝147.58（cm³）

4 （1）10Ⓐ4Ⓑ3÷2とおく。3以外に3の倍数がないことから，Bには÷の記号は置けないことがわかる。Bに＋の記号を置くと，＋の記号の後ろに$\frac{3}{2}$ができるから，＋の記号の前も分母が2で分子が奇数になる分数になればよく，Aの部分には÷の記号があてはまる。Bの部分に×の記号を置くと，
4×3÷2＝6と整数になるため，Aには＋と×の記号があてはまる。
よって，10×4×3÷2，10＋4×3÷2，10÷4＋3÷2の3通りがある。

（2）10Ⓒ8Ⓓ6Ⓔ4Ⓕ2とおく。6以外に3の倍数がないことから，Dには÷の記号は置けないので，Dに×を入れた場合と＋を入れた場合に分けて整数になるときを考える。

Dに×を入れた場合
Cが×のとき，10×8×6＝480になることから，E，Fには＋×÷の3通りずつあるから，3×3＝9（通り）
Cが＋のとき，8×6＝48になることから，E，Fには＋×÷の3通りずつあるから，3×3＝9（通り）
Cが÷のとき，$10÷8×6Ⓔ4Ⓕ2＝\frac{15}{2}Ⓔ4Ⓕ2$となり，Eに＋や÷が入ると整数にはならないのでEは×であり，10÷8×6×4＝30になることから，Fには＋×÷のどれを入れてもいいので，3通り
したがって，Dに×を入れた場合は，9＋9＋3＝21（通り）ある。

Dに＋を入れた場合は，6Ⓔ4Ⓕ2が整数になるときと，分数になるときを考える。
Eに×を入れると6×4＝24になることから，Fには＋×÷のどれを入れても整数になることから，Cには＋と×の2通りが考えられるので，2×3＝6（通り）
Eに＋を入れると，Fには＋×÷のどれを入れても整数になることから，Cには＋と×の2通りが考えられるので，2×3＝6（通り）
Eに÷を入れると，Fが×のとき，6÷4×2＝3になることから，Cには＋と×の2通りが考えられる。
また，Fが÷のとき，$6÷4÷2＝\frac{3}{4}$になることから，Cに÷を入れると$10÷8＝\frac{5}{4}$となり，$\frac{5}{4}＋\frac{3}{4}＝2$と条件にあてはまる。
したがって，Dに＋を入れた場合は，6＋6＋2＋1＝15（通り）ある。

よって，全部で21＋15＝36（通り）ある。

5 (1) A100個分の原価とB80個分の原価が同じだから，A100個分の原価の20％は，B80個分の原価の20％と等しい。つまり，B80個を売ったときの利益は，A100個の原価の20％に等しいから，A100個の原価の20％と，A100個の原価の10％の差が4000円にあたる。よって，A100個の原価の20－10＝10（％）が4000円にあたるから，A100個の原価は4000÷0.10＝40000（円），A1個の原価は40000÷100＝400（円）になる。

また，B80個の原価も40000円だから，B1個の原価は，40000÷80＝500（円）である。

(2) A1個の利益は400×0.1＝40（円），B1個の利益は500×0.2＝100（円）である。仕入れの個数を逆にすると，利益が予定より少なくなったことから，Bの予定していた仕入れ個数の方が多かったことがわかる。個数を入れ替えると，1個あたり100－40＝60（円）の利益が減ることから，Bの予定していた仕入れ個数は，Aの予定していた仕入れ個数より，720÷60＝12（個）多い。よって，Aは(36－12)÷2＝12（個），Bは36－12＝24（個）あるから，予定していた利益は，40×12＋100×24＝2880（円）

(3) A1個を定価の20％引きで売ると，定価で売るときより，利益は(400＋40)×0.20＝88（円）少なくなる。売れ残った商品がAだとすると，200個すべてを定価で売れば利益は，7800＋88×50＝12200（円）になる。

Aを200個仕入れて全部売るときの利益は40×200＝8000（円）で，12200－8000＝4200（円）少ない。A1個をB1個にかえると，利益は100－40＝60（円）増えるので，Bは4200÷60＝70（個）仕入れたとわかる。

そうすれば，Aは200－70＝130（個）仕入れたことになり，仕入れた個数が50個をこえていることから条件にあう。よって，Aは130個，Bは70個仕入れた。

なお，売れ残った商品がBだとして，同様にして計算すると，仕入れた個数が整数にならないので，適さない。

6 チョコレートの個数は，4人で分けても5人で分けても3個余るから，4と5の最小公倍数の20人で分けても3個余る。ガムの個数は，3人で分けても13人で分けても1個足りないから，3と13の最小公倍数の39人で分けても1個足りなくなる。つまり，チョコレートを3個減らしてガムを1個増やすと，チョコレートの個数は20の倍数，ガムの個数は39の倍数になり，合計の個数は，1000－3＋1＝998（個）になる。998÷39＝25余り23より，ガムの個数は39×25＝975（個）以内である。チョコレートの個数の一の位の数は0だから，ガムの個数の一の位が8，つまり，ガムの個数は，39×12＝468（個）と39×22＝858（個）が考えられる。

ガムの個数が468個のとき，チョコレートの個数は，998－468＝530となり，20の倍数にならない。

ガムの個数が858個のとき，チョコレートの個数は，998－858＝140となり，20の倍数になり，条件にあう。

よって，チョコレートの個数は，140＋3＝143（個）

平成 ㉛ 年度 解答例・解説

━━━━━━━━━━━━ 《解答例》 ━━━━━━━━━━━━

1 (1)25100　(2)$\frac{1}{31}$　(3)36　(4)14　(5)10　(6)500

2 [Ⅰ](1)26　(2)20　[Ⅱ](1)8　(2)5.14

3 (1)16　※(2)18　※(3)18，40

4 (1)9列，11列，33列　(2)(ア)0　(イ)28

※5 (1)333$\frac{1}{3}$　(2)2300　(3)5666$\frac{2}{3}$

※の考え方や途中の式は解説を参照してください。

━━━━━━━━━━━━ 《解説》 ━━━━━━━━━━━━

1 (1) 与式＝23×(1013－13)＋21×(52＋48)＝23×1000＋21×100＝23000＋2100＝25100

(2) 与式より，$\frac{5}{2}×\frac{7}{9}－\frac{7}{2}÷(□＋2)＝\frac{2}{9}$　　$\frac{7}{2}÷(□＋2)＝\frac{35}{18}－\frac{2}{9}$　　$□＋2＝\frac{7}{2}÷\frac{31}{18}$　　$□＝\frac{63}{31}－2＝\frac{1}{31}$

(3)　三角形ＤＡＢはＤＡ＝ＤＢの二等辺三角形だから，角ＤＢＡ＝角アである。

三角形ＡＢＣと三角形ＢＤＣは二等辺三角形で，角ＡＣＢ＝角ＢＣＤだから，同じ形の三角形と

わかり，角ＤＢＣ＝角アである。

したがって，角アを〇とすると，右図のようになるから，三角形ＡＢＣの内角の和より，

〇×5＝180（度）なので，〇＝180÷5＝36（度）である。よって，角アは36度である。

(4)　正七角形の1つの頂点から，その頂点ととなりあう頂点には対角線が引けないので，

1つの頂点から引ける対角線の数は，7－3＝4（本）である（右図参照）。

正七角形に頂点は7個あるから，4×7＝28（本）となるが，これは同じ対角線を2回ずつ

数えているので，正七角形の対角線の数は，28÷2＝14（本）である。

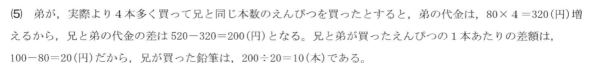

(5)　弟が，実際より4本多く買って兄と同じ本数のえんぴつを買ったとすると，弟の代金は，80×4＝320（円）増

えるから，兄と弟の代金の差は520－320＝200（円）となる。兄と弟が買ったえんぴつの1本あたりの差額は，

100－80＝20（円）だから，兄が買った鉛筆は，200÷20＝10（本）である。

(6)　定価は，仕入れ値の100＋30＝130（％）だから，20％引きで売ったときの価格は，仕入れ値の130×（1－0.2）＝

104（％）である。したがって，仕入れ値の104－100＝4（％）が20円となるから，仕入れ値は，20÷0.04＝500（円）である。

2　[Ⅰ](1)　1円硬貨，10円硬貨，100円硬貨が2枚ずつあるとき，金額が小さい硬貨をより大きい硬貨に両替する

ことはできないので，3種類の硬貨をそれぞれ何枚ずつ使うかという組み合わせの数を考えればよい。

3種類の硬貨を使う枚数は，それぞれ0～2枚の3通りずつあるから，枚数の組み合わせは全部で，3×3×3＝

27（通り）できる。この中には，すべてが0枚で0円の場合がふくまれているから，おつりなしで支払うことので

きる金額は，全部で27－1＝26（通り）ある。

(2)　1円硬貨，50円硬貨，100円硬貨が2枚ずつあるとき，50円硬貨2枚で100円硬貨1枚に両替することがで

きるから，50円硬貨を2枚または0枚使うときと，50円硬貨を1枚使うときに分けて考える。

50円硬貨を2枚または0枚使うとき，50円硬貨2枚を100円硬貨に両替したとして考える。このとき，1円硬貨

2枚，100円硬貨3枚だから，1円硬貨を使う枚数は0～2枚の3通り，100円硬貨を使う枚数は0～3枚の4通

りあるから，枚数の組み合わせは3×4＝12（通り）できる。この中には，すべてが0枚で0円の場合がふくまれ

ているから，12－1＝11（通り）ある。

50円硬貨を1枚使うとき，1円硬貨を使う枚数は0～2枚の3通り，100円硬貨を使う枚数は0～2枚の3通り

あるから，枚数の組み合わせは3×3＝9（通り）できる。このとき，50円硬貨は必ず1枚使っているので，

0円の場合はない。

よって，おつりなしで支払うことのできる金額は，全部で11＋9＝20（通り）ある。

[Ⅱ](1)　16＝4×4より，正方形ＡＢＣＤの1辺の長さは4㎝とわかる。したがって，正方形ＡＢＣＤの中にあ

る円の直径も4㎝だから，正方形ＥＦＧＨの対角線の長さも4㎝である。

正方形はひし形でもあるから，面積は，（対角線）×（対角線）÷2で求められる。よって，正方形ＥＦＧＨの面積

は，4×4÷2＝8（㎠）である。

(2)　右のように作図し記号をおく。

三角形ＢＤＥの面積から色付き部分の面積を引いて求める。

四角形ＯＣＥＢは1辺の長さが2㎝の正方形だから，（三角形ＢＤＥの面積）＝

ＤＥ×ＢＥ÷2＝（4＋2）×2÷2＝6（㎠）である。

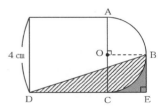

色付き部分の面積は，（正方形ＯＣＥＢの面積）－（おうぎ形ＯＢＣの面積）＝

$2×2－2×2×3.14×\frac{1}{4}＝4－3.14＝0.86$（㎠）である。

よって，求める面積は，6－0.86＝5.14（㎠）である。

3 (1) 仕事Xの仕事量を10と20の最小公倍数の⑳とすると，1分間に，A君は⑳÷10＝②，B君は⑳÷20＝①の仕事を行う。したがって，A君が仕事Xを4分間行うと②×4＝⑧できるから，B君が行う仕事量は⑳－⑧＝⑫である。B君が⑫の仕事量を行うのにかかる時間は，⑫÷①＝12(分)である。よって，求める時間は，4＋12＝16(分)である。

(2) 仕事Yの仕事量を20と30の最小公倍数の⑳とすると，1分間に，A君は⑳÷20＝③，B君は⑳÷30＝②の仕事を行う。A君が仕事Xを行うのにかかる10分間に，B君は仕事Yを②×10＝⑳行ったから，A君とB君が2人で行う仕事Yの仕事量は，⑳－⑳＝⑳である。2人で仕事Yを行うと，1分間に③＋②＝⑤できるから，2人で仕事Yを行った時間は，⑳÷⑤＝8(分)である。よって，求める時間は，10＋8＝18(分)である。

(3) (1)，(2)の解説をふまえる。2人で仕事Xを行うと，1分間に②＋①＝③できるから，仕事Xを行うのにかかる時間は，⑳÷③＝$\frac{20}{3}$＝$6\frac{2}{3}$(分)である。2人で仕事Yを行うのにかかる時間は，⑳÷⑤＝12(分)である。よって，求める時間は，$6\frac{2}{3}$＋12＝$18\frac{2}{3}$(分)，つまり，18分($\frac{2}{3}$×60)秒＝18分40秒である。

4 (1) 全体が長方形となるのは，(行数)×(列数)＝99となるときだから，列数が99の約数のときである。99の約数は，1×99，3×33，9×11より，1，3，9，11，33，99である。横に並べるのは，5列以上50列以下だから，求める並べ方は，9列，11列，33列である。

(2)(ア) いくつかの数の和をある数□で割った余りの数は，それぞれの数を□で割った余りの数の和を，□で割った余りの数に等しくなる。

2列目に並ぶ数をそれぞれ7で割ると，余りはすべて2である。また，横に7列並べると，99÷7＝14余り1より，14行と1枚カードが並ぶから，2列目の数は14個あるとわかる。したがって，2列目の数をそれぞれ7で割った余りの数の和は，2×14＝28となる。よって，2列目の数の和を7で割ったときの余りは，28÷7＝4より，0である。

(イ) 2つの数の積をある数□で割った余りの数は，それぞれの数を□で割った余りの数の積を，□で割った余りの数に等しくなる(2つの数をa，bとし，それぞれの数を□で割った余りの数をA，Bとすると，aは(□の倍数)＋A，bは(□の倍数)＋Bとなり，aとbの積は，(□の倍数)＋A×Bとなるから)。

それぞれの数を7でわると，余りの数は，1列目が1，2列目が2，3列目が3，4列目が4，5列目が5，6列目が6，7列目が0となる。したがって，1列目と2列目の数の積の余りの数は，1×2÷7＝0余り2より，2，2列目と3列目の数の積の余りの数は，2×3÷7＝0余り6より，6となり，同じように余りの数を求めると，3列目と4列目は5，4列目と5列目は6，5列目と6列目は2，6列目と7列目は0となる。1つの行に余りが6になる組み合わせは2つあり，横に7列並べると14行と1枚だから，求める組み合わせは，全部で2×14＝28(組)ある。

5 (1) 正方形ABCDを組み立てると，右図のような三角すいとなる。底面を三角形BNM，高さをBDとすると，求める体積は，(10×10÷2)×20÷3＝$\frac{1000}{3}$＝$333\frac{1}{3}$(cm³)である。

(2) 立方体ABCD－EFGHの1つの面の面積は，20×20＝400(cm²)だから，この立方体の表面積は，400×6＝2400(cm²)である。ここから三角すいEANMを取りのぞくことによって，減る表面積は，三角形MAEと三角形NAEと三角形MANの面積の和であり，増える面積は，三角形MENの面積である。

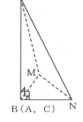

三角形MAEと三角形NAEと三角形MANの面積の和は，(10×20÷2)×2＋10×10÷2＝250(cm²)である。三角すいEANMは，(1)の三角すいと合同だから，(三角形MENの面積)＝20×20－(三角形MAEと三角形NAEと三角形MANの面積の和)＝400－250＝150(cm²)である。

よって，求める表面積は，2400－250＋150＝2300(㎠)である。

(3) 立方体を赤線を通る平面で切ると，三角すいAEBDを取りのぞくことになり，

立方体を青線を通る平面で切ると，三角すいBFCAを取りのぞくことになる。

立方体の体積から，三角すいAEBDと三角すいBFCAの体積を引くと，右図の色

付き部分(三角すいPABQ)を2回引いたことになるので，この部分を足して求める。

三角すいAEBDと三角すいBFCAは合同で，体積はそれぞれ，$20×20÷2×20÷3＝\frac{4000}{3}$(㎠)である。

三角すいPABQの底面を三角形PABとすると，底面積は立方体の1面の$\frac{1}{4}$の面積だから$400×\frac{1}{4}＝100$(㎠)，

高さは立方体の1辺の長さの半分に等しいから20÷2＝10(㎝)なので，三角すいPABQの体積は，

$100×10÷3＝\frac{1000}{3}$(㎠)である。よって，求める体積は，$20×20×20－\frac{4000}{3}×2＋\frac{1000}{3}＝\frac{17000}{3}＝5666\frac{2}{3}$(㎠)である。

平成 ㉚ 年度 解答例・解説

━━━━━━━━━━━━━ 《解答例》 ━━━━━━━━━━━━━

$\boxed{1}$ (1)$1\frac{23}{60}$　(2)22　(3)2.2　(4)67　(5)75　(6)37.68　(7)1.6

$\boxed{2}$ [Ⅰ]15000　[Ⅱ](1)898.04　(2)584.04

※$\boxed{3}$ (1)90　(2)445　(3)58

$\boxed{4}$ (1)2　(2)(ア)2　(イ)9　(ウ)44

※$\boxed{5}$ (1)6　(2)5　(3)6.25　　　　　　　　　　※の考え方や途中の式は解説を参照してください。

━━━━━━━━━━━━━ 《解　説》 ━━━━━━━━━━━━━

$\boxed{1}$ (1)　与式＝$1＋\frac{30}{60}－\frac{20}{60}＋\frac{15}{60}－\frac{12}{60}＋\frac{10}{60}＝1\frac{23}{60}$

(2)　与式＝$3\frac{2}{3}÷\{(30－28)×(\frac{3}{12}－\frac{2}{12})\}＝\frac{11}{3}÷(2×\frac{1}{12})＝\frac{11}{3}×6＝22$

(3)　与式より，$(5＋□)×\frac{1}{4}－\frac{8}{25}×\frac{5}{8}＝\frac{8}{5}$　　　$(5＋□)×\frac{1}{4}－\frac{1}{5}＝\frac{8}{5}$　　　$(5＋□)×\frac{1}{4}＝\frac{8}{5}＋\frac{1}{5}$

$5＋□＝\frac{9}{5}÷\frac{1}{4}$　　　$□＝\frac{36}{5}－5＝2.2$

(4)　2または3の倍数の個数を求めるので，(2の倍数の個数)＋(3の倍数の個数)－(2と3の公倍数の個数)を計

算すればよい。

100以上200以下の整数の中で，2の倍数は，99÷2＝49余り1，200÷2＝100より，100－49＝51(個)ある。

100以上200以下の整数の中で，3の倍数は，99÷3＝33，200÷3＝66余り2より，66－33＝33(個)ある。

2と3の公倍数は，最小公倍数である6の倍数である。100以上200以下の整数の中で，6の倍数は，

99÷6＝16余り3，200÷6＝33余り2より，33－16＝17(個)ある。

よって，求める個数は，51＋33－17＝67(個)

(5)　右図のように角度がわかる。三角形の外角の性質より，角ア＝45＋30＝75(度)

(6)　三角形OCBは直角二等辺三角形だから，角COB＝45度なので，

おうぎ形OBAの中心角は180－45＝135(度)である。

右図のように正方形OCBDをつくると，

OB×OB＝OB×CDは正方形OCBDの面積の2倍の4×4×2＝32となる

から，おうぎ形OBAの面積は，

$OB×OB×3.14×\frac{135}{360}＝32×\frac{3}{8}×3.14＝12×3.14＝37.68$(㎠)

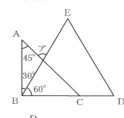

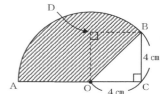

(7) 右図のように記号をおく。高さが等しい三角形の面積比は底辺の長さの比に

等しいことを利用し，斜線部分以外の３つの三角形の面積をそれぞれ求める。

三角形ＡＢＣの面積は $4 \times 3 \div 2 = 6$（㎠）である。

（三角形ＡＢＦの面積）：（三角形ＡＢＣの面積）＝ＡＦ：ＡＣ＝２：３，

（三角形ＡＤＦの面積）：（三角形ＡＢＦの面積）＝ＡＤ：ＡＢ＝２：５だから，

（三角形ＡＤＦの面積）＝（三角形ＡＢＣの面積）$\times \dfrac{2}{3} \times \dfrac{2}{5} = 6 \times \dfrac{2}{3} \times \dfrac{2}{5} = \dfrac{8}{5}$（㎠）

同様に，（三角形ＢＤＥの面積）＝（三角形ＡＢＣの面積）$\times \dfrac{BD}{BA} \times \dfrac{BE}{BC} = 6 \times \dfrac{3}{5} \times \dfrac{1}{2} = \dfrac{9}{5}$（㎠）

また，（三角形ＣＥＦの面積）＝ $2 \times 1 \div 2 = 1$（㎠）

よって，斜線部分の面積は，$6 - \dfrac{8}{5} - \dfrac{9}{5} - 1 = 1.6$（㎠）

2 **[Ⅰ]** 最後に残った 7500 円は，最初にもらったお年玉の，$1 \times \dfrac{4}{5} \times \dfrac{5}{6} \times \dfrac{3}{4} = \dfrac{1}{2}$ にあたる。

よって，最初にもらったお年玉は，$7500 \div \dfrac{1}{2} = 15000$（円）

[Ⅱ](1) ２つの細い円柱をあわせると高さが $19 - 10 = 9$（㎝）になる。よって，この図形の体積は，

$2 \times 2 \times 3.14 \times 9 + 5 \times 5 \times 3.14 \times 10 = 286 \times 3.14 = 898.04$（㎤）

(2) この図形の表面積は，上下それぞれから見たときに見える円の面積と，３つの円柱の側面積をすべて足すと求

められる。上下それぞれから見たときに見える円の面積は，$5 \times 5 \times 3.14 = 25 \times 3.14$（㎠）

円柱の側面積は，（底面の円周）×（高さ）で求められるから，３つの円柱の側面積の和は，

$2 \times 2 \times 3.14 \times 9 + 5 \times 2 \times 3.14 \times 10 = 136 \times 3.14$（㎠）

よって，この図形の表面積は，$(25 \times 3.14) \times 2 + 136 \times 3.14 = 186 \times 3.14 = 584.04$（㎠）

3 電車が鉄橋をわたり始めてからわたり終わるまでに電車の先頭が進む道

のりは，右図からわかるように，（鉄橋の長さ）＋（電車の長さ）である。

(1) 鉄橋Aを 41 秒でわたった場合と鉄橋Bを 1 分 15 秒＝75 秒でわたったときの，電車の先頭が進んだ道のりの

差は，$1430 - 580 = 850$（m）である。したがって，電車の速さは，秒速 $\{850 \div (75 - 41)\}$ m＝秒速 25m，つまり，

時速 $\dfrac{25 \times 60 \times 60}{1000}$ km＝時速 90 km

(2) (1)の解説より，41 秒で電車の先頭は $25 \times 41 = 1025$（m）進むから，電車の長さは，$1025 - 580 = 445$（m）

(3) 鉄橋Cをわたり始めてからわたり終わるまでに，電車の先頭は $1005 + 445 = 1450$（m）進むから，かかる時間は，

$1450 \div 25 = 58$（秒）

4 **(1)** 1，2，3 の人の座布団をそれぞれ①，②，③とすると，座り方は右表の 2 通りある。

①	②	③
3	1	2
2	3	1

(2)(ア) 3，4，5 が③，④，⑤に座る座り方は，(1)と同様に 2 通りある。

(イ) 2 の人が③に座る場合，2，3，4，5 の人の座り方は，右表の 3 通りある。

2 の人が④，⑤に座る場合も同様に 3 通りずつの座り方がある。

よって，座り方は全部で，$3 \times 3 = 9$（通り）

①	③	④	⑤
3	2	5	4
5	2	3	4
4	2	5	3

(ウ) 1 の人が②に座る場合の 5 人の条件にあう座り方は，(ア)，(イ)より，$2 + 9 = 11$（通り）ある。

1 の人が③，④，⑤に座る場合も同様に 11 通りずつの座り方があるから，座り方は全部で，$11 \times 4 = 44$（通り）

5 (1)　Aから入った食塩水は $40 \times 10 = 400$（g）である。右のようなてん

びん図で考える。a：bは，食塩水の量の比である $100 : 400 = 1 : 4$

の逆比の $4 : 1$ になるから，$a = (10 - 5) \times \dfrac{4}{4 + 1} = 4$（%）

よって，容器の食塩水の濃さは $10 - 4 = 6$（%）になった。

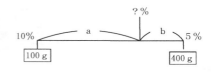

(2)　Aから1分あたりに入る食塩水にふくまれる食塩は $40 \times \dfrac{5}{100} = 2$（g），Bから1分あたりに入る食塩水にふく

まれる食塩は $25 \times \dfrac{8}{100} = 2$（g）だから，9分間で入った食塩の合計は $2 \times 9 = 18$（g）である。

最初容器の中に入っていた食塩は $100 \times \dfrac{10}{100} = 10$（g）だから，食塩を $10 + 18 = 28$（g）ふくむ7%の食塩水が容器の

中にできたとわかる。この食塩水の量は $28 \div \dfrac{7}{100} = 400$（g）だから，AとBから入れた食塩水の量の合計は

$400 - 100 = 300$（g）である。

Bだけで9分間食塩水を入れると $25 \times 9 = 225$（g）の食塩水が入り，300gには75g足りない。Bだけで入れる1

分間をAだけで入れる1分間にかえると，食塩水の量の合計は $40 - 25 = 15$（g）増えるので，Aで食塩水を入れたの

は $75 \div 15 = 5$（分間）である。

(3)　Aを使っていた時間とBを使っていた時間の合計が 35 分間ということではないことに注意する（そうだとする

と，AとBから入れた食塩水の量の合計が整数にならない）。AとBの両方を使っていた時間と，Aだけを使って

いた時間と，Bだけを使っていた時間の合計が 35 分間ということであるが，問題を解くのに 35 分間という条件は

使う必要がない。AとBの1分あたりに入る食塩水の量の比は $40 : 25 = 8 : 5$，入れた時間の比は $1.25 : 1 =$

$5 : 4$ だから，入れた食塩水の量の比は $(8 \times 5) : (5 \times 4) = 2 : 1$ である。

右図Ⅰのてんびん図において，c：dは $2 : 1$ の逆比の $1 : 2$ とな

るから，$c = (8 - 5) \times \dfrac{1}{1 + 2} = 1$（%）である。したがって，容器

に入れた食塩水だけを混ぜ合わせると $5 + 1 = 6$（%）の食塩水になる。

入れた食塩水の量の合計は $1600 - 100 = 1500$（g）だから，右図Ⅱのて

んびん図で考える。e：fは $100 : 1500 = 1 : 15$ の逆比の $15 : 1$ だ

から，$e = (10 - 6) \times \dfrac{15}{15 + 1} = 3.75$（%）

よって，容器の中にできた食塩水の濃さは，$10 - 3.75 = 6.25$（%）

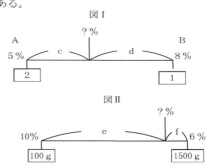

―――――――――《解答例》―――――――――

[1] (1)$\frac{1}{7}$　(2)$3\frac{3}{7}$　(3)10　(4)10　(5)21　(6)36　(7)85.5

[2] ［Ⅰ］120　　［Ⅱ］(1)120　(2)210

※[3] (1)27　(2)144　(3)351　(4)6.2

[4] (1)12　(2)23

※[5] (1)7.5　(2)18.75　(3)6，17

※の考え方や途中の式は解説を参照してください。

―――――――――《解　説》―――――――――

[1] (1)　与式$=\frac{7}{4}\div(\frac{13}{3}-\frac{1}{4})-(\frac{1}{2}-\frac{3}{8}\div\frac{7}{4})=\frac{7}{4}\div\frac{49}{12}-(\frac{1}{2}-\frac{3}{14})=\frac{3}{7}-\frac{2}{7}=\frac{1}{7}$

(2)　与式より，$(\square\div\frac{2}{7}-5)\div0.5=25-11$　　$(\square\div\frac{2}{7}-5)\div0.5=14$　　$\square\div\frac{2}{7}-5=14\times0.5$

$\square\div\frac{2}{7}-5=7$　　$\square\div\frac{2}{7}=7+5$　　$\square\div\frac{2}{7}=12$　　$\square=12\times\frac{2}{7}=\frac{24}{7}=3\frac{3}{7}$

(3)　整数nの並ぶ個数は，（1から数えてn番目の奇数）個である。このため，1から連続する奇数の合計が100に

近くなるところを探すと，$1+3+5+\cdots+19=100$より，19までの合計がちょうど100になるとわかる。

19は1から数えて10番目の奇数だから，100番目の数字は19個並んでいるうちの最後の10である。

(4)　一方のグループを決めれば，他方のグループも決まるから，個数が少ない2個のグループの決め方を数える。

2個のグループは，（赤，青）（赤，黄）（赤，白）（赤，黒）（青，黄）（青，白）（青，黒）（黄，白）（黄，黒）（白，黒）の

10通りできるから，求めるグループ分けの方法も10通りある。

(5)　右の図のように記号をおく。

三角形ABCの内角の和から，角ABC$=180-90-48=42$(度)

平行線の同位角は等しいから，角BDE＝角ABC$=42$度

折り返した角度は等しいから，角EDC＝角ADCより，

角ア$=42\div2=21$(度)

(6)　初めの長方形の上側の辺が，①→②→③と折ることで，③のどの

部分になったかを調べると，右の図の太線部分とわかる。この図から，

斜線部分の正方形の周の長さは，$30-2\times3=24$(cm)とわかる。した

がって，この正方形の1辺の長さは$24\div4=6$(cm)だから，求める面

積は，$6\times6=36$(cm²)

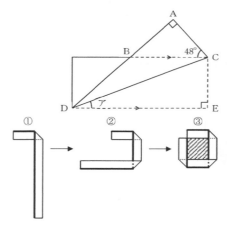

(7) できる3つの立体は，それぞれ右の図のような図形であり，色をつけた立体が最も大きい。この立体の体積は，元の直方体の体積から，残りの2つの立体の体積を引いた値に等しい。錐体の体積は，(底面積)×(高さ)÷3で求められることから，色をつけた立体の体積は，6×6×3−(6×6÷2)×3÷3−(3×3÷2)×3÷3＝85.5(cm³)

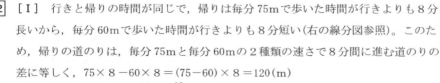

2 [Ⅰ] 行きと帰りの時間が同じで，帰りは毎分75mで歩いた時間が行きよりも8分長いから，毎分60mで歩いた時間が行きよりも8分短い(右の線分図参照)。このため，帰りの道のりは，毎分75mと毎分60mの2種類の速さで8分間に進む道のりの差に等しく，75×8−60×8＝(75−60)×8＝120(m)

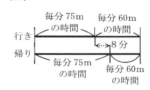

[Ⅱ](1) 定価は，$1000×(1+\frac{40}{100})=1400$(円)である。2日目は，ここから1400×0.2＝280(円)値引きして，1120円で売るから，1個あたりの利益は，1120−1000＝120(円)

(2) 2日目の売り値で300個すべて売ると，利益の合計は120×300＝36000(円)になり，実際の利益の合計に94800−36000＝58800(円)足りない。1日目に売れた個数が1個増えるごとに，利益の合計は2日目の値引き額の280円ずつ増えるから，1日目に売れた個数は，58800÷280＝210(個)

3 (1) どの容器も側面と底の厚みが1cmずつだから，アの容積は，縦と横が5−1×2＝3(cm)で，高さが10−1＝9(cm)の直方体の体積に等しく，3×3×9＝81(cm³)である。よって，求める時間は，81÷3＝27(秒後)

(2) イの水が入る部分の底面積は，イの内側の底面積とアの内側の底面積との差ではなく，イの内側の底面積とアの容器の底面積との差であることに注意する(右の図参照)。イの内側は，縦と横が10−1×2＝8(cm)で，高さが9cmの直方体の形をしている。このため，アからあふれた水は，底面積が8×8−5×5＝39(cm²)の部分に入るから，アからあふれてイに入る水の体積は，39×9＝351(cm³)である。351cm³の水が入るのにかかる時間は351÷3＝117(秒)だから，求める時間は，27＋117＝144(秒後)

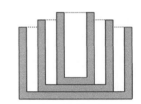

(3) (2)の解説をふまえる。ウの内側は，縦と横が15−1×2＝13(cm)で，高さが9cmの直方体の形をしている。イからあふれた水は，底面積が13×13−10×10＝69(cm²)の部分に入るから，イからあふれてウに入る水の体積は，69×9＝621(cm³)である。よって，求める時間は，144＋621÷3＝351(秒後)

(4) ここまでの解説をふまえる。最後にウに入った水は，351秒で入れた水の体積に等しく，3×351＝1053(cm³)である。ウの内側の底面積は169cm²だから，1053÷169＝6.23…より，水の深さは6.2cmとなる。
13×13

4 (1) 立方体の積み方は右の図アのようになるから，使った立方体の個数は，3×3＋3＝12(個)である。

(2) 立方体の積み方は右の図イのようになる。3個積まれた部分の左の1か所，3個積まれた部分の前と後ろの2か所，4個積まれた部分の前と後ろの2か所それぞれに立方体が1個ずつある場合の積み方が，必要な立方体の個数が最も少ない場合の積み方であり，その個数は，4×4＋7＝23(個)

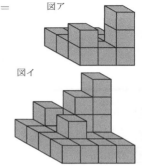

図ア

図イ

5 (1) 初めてＰＱとＡＢが平行となるのは，右の図アのように，Ｐ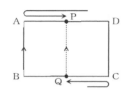
とＱの動いた長さの合計がＡＤの長さの２倍になったときで
ある。２回目にＰＱとＡＢが平行となるのは，右の図イのよう
に，図アのあとでＰとＱの動いた長さの合計がＡＤの長さの
２倍だけ増えたときである。したがって，求める時間は，
ＰとＱの動いた長さの合計が$15 \times (2+2) = 60$（cm）になったときの時間だから，$60 \div (5+3) = 7.5$（秒後）

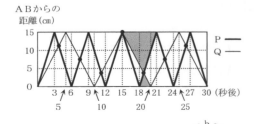

(2) １往復にかかる時間は，Ｐが$(15 \times 2) \div 5 = 6$（秒），Ｑが
$(15 \times 2) \div 3 = 10$（秒）だから，ＰとＱがＡＢ上に同時に戻るの
は，６と10の最小公倍数の30秒ごとに起こる。このため，Ｐ
が出発してから30秒後までの，ＡＢからＰ，Ｑまでの距離を
グラフに表すと，右のようになる。グラフの●印は，ＰＱと
ＡＢが平行になるときを表している。このグラフから，５回目
にＰＱとＡＢが平行になるのは，18～21秒後の間とわかる。この時間を求めるため，右のように
グラフで色をつけた部分を取り出して考える。右の２つの三角形は同じ形であり，$a = 20-18 = 2$，
$b = 21-15 = 6$だから，$c:d = a:b = 1:3$となる。このことから，５回目の時間は，18秒

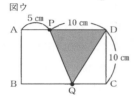

後の$(21-18) \times \dfrac{1}{1+3} = 0.75$（秒後）の，18.75秒後となる。

(3) 三角形ＰＱＤの底辺をＰＤとしたときの高さはＤＣ＝10cmだから，三角形ＰＱＤ
の面積が50cm²となるときのＰＤの長さは，$50 \times 2 \div 10 = 10$（cm）である。このため，(2)
の解説のグラフで，ＡＢからＰまでの距離が５cmになるとき（右の図ウ参照）を探せば
よい。ＡＢからＰまでの距離が５cmになるのは，右下
のグラフに○印で表した６回だから，求める回数も
６回である。

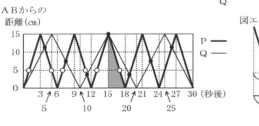

６回目の時間を調べるため，右の図エのように，グラ
フで色をつけた部分を取り出して考える。

$e = 18-15 = 3$であり，同じ形の三角形の対応する辺
の長さの比から，$f:e = 2:3$とわかるので，$f = 2$である。

よって，６回目の時間は15秒後の２秒後の，17秒後である。

平成 28 年度 解答例・解説

《解答例》

1 (1)$\dfrac{4}{9}$　(2)$1\dfrac{1}{11}$　(3)38400　(4)137.5　(5)28.5　(6)$833\dfrac{1}{3}$

2 ［Ⅰ］10　　［Ⅱ］31.14　　［Ⅲ］(1)白／5　(2)黒／51

※3 (1)3.75　(2)6　(3)3.6

4 (1)2　(2)0，1，2　(3)22

※5 (1)Ａ．4，39，45　Ｂ．4，48，30　(2)5，36　(3)$7\dfrac{17}{19}$

※の考え方や途中の式は解説を参照してください。

《解　説》

1 (1) 与式＝$\left(\dfrac{2}{6}+\dfrac{21}{6}-\dfrac{7}{6}\right)\times\dfrac{1}{4}\div\dfrac{3}{2}=\dfrac{8}{3}\times\dfrac{1}{4}\times\dfrac{2}{3}=\dfrac{4}{9}$

(2) 与式より，$\left(3-\dfrac{3}{4}\div\square\right)\times2=6-1\dfrac{3}{8}$　　$3-\dfrac{3}{4}\div\square=\dfrac{37}{8}\div2$　$\dfrac{3}{4}\div\square=3-\dfrac{37}{16}$　$\square=\dfrac{3}{4}\div\dfrac{11}{16}=\dfrac{12}{11}=1\dfrac{1}{11}$

(3) 団体割引で1人あたりの入場料が$800\times(1-0.2)=640$（円）になるから，入場料の合計は，$640\times60=38400$（円）

(4) 男子の身長の合計は$136\times25=3400$（cm），女子の身長の合計は$140\times15=2100$（cm）だから，クラス全員の平均身
長は，$(3400+2100)\div(25+15)=137.5$（cm）

(5) 正方形の対角線の長さは$5\times2=10$（cm）だから，正方形の面積は，$10\times10\div2=50$（cm²）
よって，斜線部分の面積は，$5\times5\times3.14-50=28.5$（cm²）

(6) 切り口は右図の太線のようになる。求める体積は，立方体の体積から，三角すい
C‐ABDの体積を引いた値に等しく，
$10\times10\times10-(10\times10\div2)\times10\div3=1000\times\left(1-\dfrac{1}{6}\right)=1000\times\dfrac{5}{6}=833\dfrac{1}{3}$（cm³）

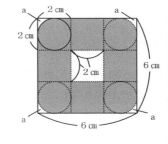

2 ［Ⅰ］ ポンプ1台でくみ出したとき，全部で$600+20\times30=1200$（L）の水をくみ出し
たから，ポンプ1台が1分でくみ出す水の量は$1200\div30=40$（L）である。ポンプ
2台でくみ出すと，タンクの中の水は1分あたり$40\times2-20=60$（L）減るから，$600\div60=10$（分）で空になる。

［Ⅱ］ 円が動いたあとは右図の色をつけた部分のようになる。4つのaの部分の面積
の和は，1辺が2cmの正方形の面積と半径1cmの円の面積の差に等しく，
$2\times2-1\times1\times3.14=0.86$（cm²）よって，求める面積は，
$6\times6-2\times2-0.86=31.14$（cm²）

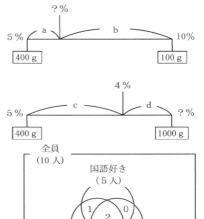

［Ⅲ］(1) 上下に並んだ奇数段目と偶数段目を比べると，偶数段目に並ぶ白玉がつねに
1個多い。10段目まで並べると，奇数段目と偶数段目のセットが
$10\div2=5$（組）できるから，白玉の方が$1\times5=5$（個）多い。

(2) (1)の解説と同様に考えると，100段目まで並べたとき，白玉の方が$1\times(100\div2)=50$（個）多い。101段目
は黒玉が101個並ぶから，101段目まで並べたとき，黒玉の方が$101-50=51$（個）多くなる。

3 (1) 容器Aの中の食塩の$\dfrac{100}{400}=\dfrac{1}{4}$が取り除かれ，食塩水全体の量はかわらないのだから，濃度は5％の$1-\dfrac{1}{4}=\dfrac{3}{4}$
（倍）の，$5\times\dfrac{3}{4}=3.75$（％）になる。

(2) 加える食塩水は，全体の量が$10+90=100$（g）で，濃度が
$\dfrac{10}{100}\times100=10$（％）だから，右のようなてんびん図で考える。a：bは
400：100＝4：1の逆比の1：4になるから，
$a=(10-5)\times\dfrac{1}{1+4}=1$（％）より，求める濃度は，$5+1=6$（％）

(3) 右のようなてんびん図で考える。c：dは400：1000＝2：5の逆比
の5：2になり，$c=5-4=1$（％）だから，$d=1\times\dfrac{2}{5}=0.4$（％）
よって，求める濃度は，$4-0.4=3.6$（％）

4 (1) 右のようなベン図をかくことができる。$a=5-1-2-2=0$，
$b=5-2-2=1$だから，国語と算数と理科のうち1つでも好きと答え
た人は，$5+(0+2)+1=8$（人）
よって，求める人数は，$10-8=2$（人）

(12)

(2) 右のように作図できる。dの人数について考える。dが最小となるのは，b＝2，c＝2のときであり，このとき，国語と算数と理科のうち1つでも好きと答えた人は，5＋(1＋1)＋2＝9(人)となり，10人をこえないから，条件にあう。このとき，d＝5－2－1－2＝0である。dが最大となるのは，b＝0，c＝0のときであり，このとき，国語と算数と理科のうち1つでも好きと答えた人は，5＋(1＋1)＝7(人)となり，10人をこえないから，条件にあう。このとき，d＝5－2－1＝2である。よって，求める人数は，0以上2以下の，**0，1，2**である。

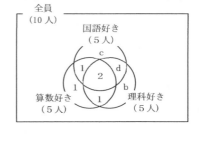

(3) 右のようなベン図で，d，e，fの値の組合せを考える。各教科とも「好き」と答えた人数は同じ5人だから，d，e，fの値の条件はすべて同じになる。d，e，fはすべて0以上3以下であり，さらに以下のような条件がつく。

d，e，fがすべて0のとき，a＝b＝c＝3となるから，国語と算数と理科のうち1つでも好きと答えた人は，2＋3×3＝11(人)となり，10人をこえてしまう。したがって，d，e，fのうち少なくとも1つは1以上である。また，d，e，fのうち1つが3のとき，他の2つは0に決まる。

以上の条件を満たすように，d，e，fに入る3つの値を考えると，(0，0，1)(0，0，2)(0，0，3)(0，1，1)(0，1，2)(1，1，1)(1，1，2)が見つかる。

それぞれの組ごとにd，e，fへの割り振り方をまとめると右表のようになるから，求める組合せの数は，3×5＋6＋1＝**22(通り)**

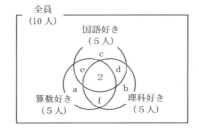

3つの値の組	d，e，fへの割り振り方
(0，0，1)	3通り
(0，0，2)	3通り
(0，0，3)	3通り
(0，1，1)	3通り
(0，1，2)	6通り
(1，1，1)	1通り
(1，1，2)	3通り

5 (1) 午後3時から午後4時45分までは105分ある。Cが60分進む間にAは57分進むから，105分でAは$105×\frac{57}{60}＝99\frac{3}{4}$(分)，つまり1時間39分45秒進む。よって，Aの時刻は，**午後4時39分45秒**である。Cが60分進む間にBは62分進むから，105分でBは$105×\frac{62}{60}＝108\frac{1}{2}$(分)，つまり1時間48分30秒進む。よって，Bの時刻は，**午後4時48分30秒**である。

(2) 1時間でBはAより3＋2＝5(分)進むから，13分進むのは$1×\frac{13}{5}＝2\frac{3}{5}$(時間後)，つまり2時間36分後である。よって，求める時刻は，**午後5時36分**である。

(3) 同じ時間にAとBの針が進む角度の比がわかれば，具体的な時間を計算しなくても角度の計算だけで求めることができる。午後3時ちょうどのとき，長針と短針がつくる角度のうち小さい方の角度は90度である。Aが57分進む間，Bは62分進むから，同じ時間に，Aの長針(または短針)とBの長針(または短針)が進む時間の比は57：62である。したがって，同じ時間に進む角度の比も57：62だから，Aの長針が短針より90度多く進んで短針に重なるとき，Bの長針は短針より$90×\frac{62}{57}＝97\frac{17}{19}$(度)多く進む。Bの長針は短針を追いこしたあと$97\frac{17}{19}－90＝7\frac{17}{19}$(度)多く進むから，求める角度は$7\frac{17}{19}$**度**である。

平成 27 年度 解答例・解説

=== 《解答例》 ===

1 (1) $6\frac{1}{6}$ (2) $\frac{27}{40}$ (3) 10 (4) 45 (5) 18 (6) 72

2 (1) $\frac{10}{27}$ (2) A. 2 B. 36 (3) 63 (4) 126

※**3** (1) 31.4 (2) 116.18

4 (1) 切断回数…9 基本サイズ…3 (2) (1，4) (2，5) (3，4) (3，5) (3) 48 cm，90 cm，150 cm，192 cm

※**5** (1) 21，8 (2) 3.8 (3) ① 27 ② 32

※3，5 の求め方は解説を参照してください。

=== 《解 説》 ===

1 (1) 与式 $= \left\{\left(\frac{7}{3} - \frac{1}{2} \times \frac{7}{6}\right) \times \frac{5}{14} + \frac{3}{2} \times \frac{9}{8}\right\} \times \frac{8}{3}$

$= \left\{\left(\frac{28}{12} - \frac{7}{12}\right) \times \frac{5}{14} + \frac{27}{16}\right\} \times \frac{8}{3} = \left(\frac{21}{12} \times \frac{5}{14} + \frac{27}{16}\right) \times \frac{8}{3} = \left(\frac{5}{8} + \frac{27}{16}\right) \times \frac{8}{3} = \frac{37}{16} \times \frac{8}{3} = \frac{37}{6} = 6\frac{1}{6}$

(2) 与式より，$8 \div \left\{\square \times 8 - \left(\frac{1}{5} - \frac{9}{65}\right) \times \frac{13}{2}\right\} = 2.5 - 0.9$ 　　$8 \div \left(\square \times 8 - \frac{4}{65} \times \frac{13}{2}\right) = 1.6$ 　　$\square \times 8 - \frac{2}{5} = 8 \div 1.6$

$\square \times 8 = 5 + \frac{2}{5}$ 　　$\square = \frac{27}{5} \div 8 = \frac{27}{40}$

(3) 20%の食塩水 100 g にふくまれる食塩は $100 \times 0.2 = 20$（g）である。

最後にできた食塩水の量は $100 - 20 + 120 = 200$（g）だから，これにふくまれる食塩の量は $200 \times 0.16 = 32$（g）である。したがって，途中で加えた食塩水には $32 - 20 = 12$（g）の食塩がふくまれていたから，その食塩水の濃度は，$\frac{12}{120} \times 100 = 10$（%）

(4) この数の列には，ある整数 n が n 個並んでいるから，1 つ目の n の前にある整数の個数は，1 から n−1 までの連続する整数の和に等しい。$44 \times (1 + 44) \div 2 = 990$，$990 + 45 = 1035$ より，991 番目から 1035 番目までは 45 が並んでいるので，求める数は **45** である。

(5) ①に赤を，②に青を塗った場合の色を塗る方法は，（③，④）＝（赤，青）（赤，黄）（黄，青）の 3 通りあることから，1 通りの①と②の塗り方に対して，③と④の塗り方が 3 通りあるとわかる。

①，②の順に塗るとすると，①の塗り方は 3 通り，②の塗り方は 2 通りあるから，①と②の塗り方は，$3 \times 2 = 6$（通り）ある。

よって，色を塗る方法は全部で，$3 \times 6 = 18$（通り）

(6) 残った部分を広げていくときの図形を順にかくと，右図のようになる。

したがって，切り取った部分の面積の和は，

$(5 \times 2 \div 2) \times 4 + (2 \times 2 \div 2) \times 4 = 28$（cm²）

よって，求める面積は，$10 \times 10 - 28 = 72$（cm²）

2 (1) プールの容積を，28 と 35 の最小公倍数の 140 とすると，1 分あたりに入れる水の量は，A が $140 \div 28 = 5$，B が $140 \div 35 = 4$ である。

これより，A と B を同時に使うと，$140 \div (5 + 4) = \frac{140}{9}$（分）で満水になるとわかる。

また，16 分 48 秒 $= 16\frac{48}{60}$ 分 $= \frac{84}{5}$ 分だから，A が $28 - \frac{84}{5} = \frac{56}{5}$（分）で入れる水を，C は $\frac{84}{5}$（分）で入れるとわかる。

したがって，同じ量の水を入れるのにかかる時間は，C が A の $\frac{84}{5} \div \frac{56}{5} = \frac{3}{2}$（倍）だから，C だけで満水にするには $28 \times \frac{3}{2} = 42$（分）かかる。

よって，求める割合は，$\frac{140}{9} \div 42 = \frac{10}{27}$（倍）

(2) $\frac{1}{324} = \frac{1}{2 \times 2 \times 3 \times 3 \times 3 \times 3}$

$= \frac{2}{2 \times 2 \times 2 \times 3 \times 3 \times 3 \times 3}$

$= \frac{2}{2 \times (2 \times 3 \times 3) \times (2 \times 3 \times 3)} = \frac{2 \times A}{2 \times (2 \times 3 \times 3) \times A \times (2 \times 3 \times 3)}$

よって，最も小さいAは**2**，最も小さいBは $2 \times 2 \times 3 \times 3 = $ **36** である。

(3) 右図のように補助線を引き，記号をおく。

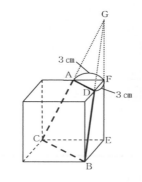

切り口は四角形ACBDであり，CAとBDとEFを延長するとGで交わる。

立体ADF‐CBEの体積を求めればよい。

三角すいG‐CBEは，三角すいG‐ADFを2倍に拡大した三角すいだから，

GF：GE＝1：2より，GF＝FE＝6cm，GE＝6×2＝12(cm)

よって，求める体積は，

$(6 \times 6 \div 2) \times 12 \div 3 - (3 \times 3 \div 2) \times 6 \div 3 = 72 - 9 = $ **63**(cm³)

(4) 右図のように補助線を引き，記号をおく。

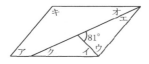

平行四辺形の向かい合う角の大きさは等しいから，∠イと∠ウの大きさの和を

求めればよい。

また，∠イ＝③度，∠ウ＝④度とする。

平行線の錯角は等しいから，∠ク＝∠オとなるため，∠ク＝∠エ

三角形の1つの外角は，これと隣り合わない2つの内角の和に等しいから，∠イ＋∠ク＝81(度)より，

③＋∠ク＝81(度)…(a)

三角形の内角の和より，∠ウ＋∠エ＝180－81＝99(度)より，④＋∠エ＝99(度)…(b)

(a)，(b)と∠ク＝∠エより，④－③＝①は 99－81＝18(度)とわかる。

よって，∠イ＝18×3＝54(度)，∠ウ＝18×4＝72(度)より，

求める角度は，54＋72＝**126**(度)

3 (1) 正六角形の1つの内角の大きさは，{180×(6－2)}÷6＝120(度)だから，

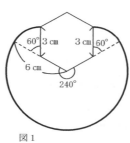

右図のように作図でき，太線の長さを求めればよい。

$(3 \times 2 \times 3.14 \times \frac{60}{360}) \times 2 + 6 \times 2 \times 3.14 \times \frac{240}{360} = (2 + 8) \times 3.14 = $ **31.4**(cm)

(2) 右図1は立方体の真上から見た図であり，Bが台上を動いたあとの線によって囲まれた部分は，色をつけた部分である。

その面積は，

$6 \times 6 \times 3.14 \div 2 + 2 \times 2 \times 3.14 \times \frac{90}{360} = (18 + 1) \times 3.14 = 19 \times 3.14$(cm²)

図1

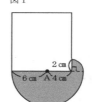

右図2は，Bが立方体の面上を動いたあとの線によって囲まれた部分を，

色をつけて表した図であり，その面積は，半径6cmの半円の面積と等しく，

$6 \times 6 \times 3.14 \div 2 = 18 \times 3.14$(cm²)

よって，求める面積は，

$19 \times 3.14 + 18 \times 3.14 = (19 + 18) \times 3.14 = $ **116.18**(cm²)

4 (1)　156÷123＝1 余り 33 より，最初の①で1個の正方形ができ，

123÷33＝3 余り 24 より，2回目の①で3個の正方形ができ，

33÷24＝1 余り 9 より，3回目の①で1個の正方形ができ，

24÷9＝2 余り 6 より，4回目の①で2個の正方形ができ，

9÷6＝1 余り 3 より，5回目の①で1個の正方形ができ，

6÷3＝2 より，6回目の①で2個の正方形ができる。

図2

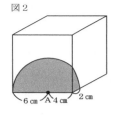

6 cm　A　4 cm　2 cm

　よって，全部で 1＋3＋1＋2＋1＋2＝10(個)の正方形ができたから，切断回数は 10－1＝9 (回)であり，最

後の割り算の「割る数」が3だから，基本サイズは 3 cm である。

(2)　切断の仕方を，横の辺に垂直な場合は｜，縦の辺に垂直な場合は―と表す。

　横の方が縦よりも長いため，1回目の切断の仕方は｜であり，残りの2回の切断の仕方は 2×2＝4 (通り)ある。

　したがって，切断の仕方ごとに元の長方形の形を考えると，下表のようになる(数字は各正方形の1辺の長さで，

単位は cm)から，求める長さの組は，(1，4)(2，5)(3，5)(3，4)となる。

切断の仕方	｜｜｜	｜｜―	｜―｜	｜――
元の長方形	1 1 1 1	2 2 1 1	3 2 1 1	3 1 1 1

(3)　横の方が縦よりも長い場合について，(2)と同様に考える。

　2回目から4回目までの切断の仕方は 2×2×2＝8 (通り)あるから，切断の仕方ごとに，基本サイズを1とし

たときの，各正方形の1辺の長さ，元の長方形の縦，横の長さを調べると，それぞれ下表のようになる。

切断の仕方	｜｜｜｜	｜｜｜―	｜｜―｜	｜―｜｜
元の長方形	1 1 1 1 1	2 2 2 1 1	3 3 2 1 1	4 3 1 1 1
縦の長さ	1	2	3	4
横の長さ	5	7	8	7

	｜｜――	｜―｜―	｜――｜	｜―――
	3 3 1 1 1	5 3 2 1 1	5 2 2 1 1	4 1 1 1 1
	3	5	5	4
	7	8	7	5

　この表において，縦の長さが整数となるのは，横の長さが 240 の約数である場合(5か8の場合)だから，求める

縦の長さは，$240×\dfrac{1}{5}＝48$ (cm)，$240×\dfrac{3}{8}＝90$ (cm)，$240×\dfrac{5}{8}＝150$ (cm)，$240×\dfrac{4}{5}＝192$ (cm)

5 (1)　列車の長さは 100m＝0.1 km，トンネルの長さは 800m＝0.8 km である。

　また，時速 90 km＝分速(90÷60)km＝分速 1.5 km

　列車の先頭は，Aの入り口から，Bの出口よりも 0.1 km 先まで走るから，走る道のりは，

　0.8＋30＋0.8＋0.1＝31.7(km)

　よって，求める時間は，$31.7÷1.5＝\dfrac{317}{15}＝21\dfrac{2}{15}$ (分)，つまり，21 分$(60×\dfrac{2}{15})$秒＝**21 分 8 秒**

(2)　時速 60 km＝分速(60÷60)km＝分速 1 km

　5分間の停車を除くと，31.7 km の移動にかかった時間は，$21\dfrac{2}{15}＋(14－9)＝30\dfrac{2}{15}＝\dfrac{452}{15}$ (分)となる。

すべての道のり (31.7 km) を分速 1 km で走ると，$31.7 \div 1 = \dfrac{317}{10}$（分）かかるから，実際よりも $\dfrac{317}{10} - \dfrac{452}{15} = \dfrac{47}{30}$（分）遅れることになる。

1 km を分速 1.5 km（時速 90 km）で走ると，$1.5 - 1 = 0.5$（分）早くなるから，分速 1.5 km で走った時間は，$\dfrac{47}{30} \div 0.5 = \dfrac{47}{15}$（分）である。

したがって，分速 1.5 km で走った道のりは $1.5 \times \dfrac{47}{15} = 4.7$（km）であり，A を通過し終わるまでに走る道のりは $0.8 + 0.1 = 0.9$（km）だから，求める道のりは，$4.7 - 0.9 = \mathbf{3.8}$（km）

(3)　右図のように P 〜 S 地点をおくと，C から E に向かって走るとき，時速 90 km（分速 1.5 km）で進む平らな道は，太線部分の $0.8 + 0.7 + 0.7 + 0.1 = 2.3$（km）であり，時速 60 km（分速 1 km）で進むのは PQ 間，時速 120 km で進むのは RS 間となる。

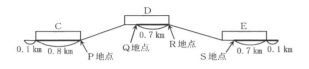

また，E から C に向かって走るとき，時速 60 km で走る道のりは RS 間の長さと等しく，時速 120 km で走る道のりは PQ 間の長さと等しい。

14 分 46 秒 $= 14\dfrac{46}{60}$ 分 $= 14\dfrac{23}{30}$ 分である。C を通過し始めてから E を通過し終わるまでの全体を時速 60 km で進むと，平らな道では $2.3 \div 1 - 2.3 \div 1.5 = \dfrac{23}{30}$（分）遅れ，PQ 間での時間は変わらないから，RS 間では $14\dfrac{23}{30} - \dfrac{23}{30} = 14$（分）遅れるとわかる。

したがって，E から C に向かって走るとき，C から E に向かって走るときよりも，上り坂（RS 間と同じ長さ）では 14 分遅れるから，下り坂（PQ 間と同じ長さ）では $14 - 8 = 6$（分）早く走れる。

かかる時間は速さに反比例し，上り坂と下り坂の速さの比は $60 : 120 = 1 : 2$ だから，かかる時間の比は $\dfrac{1}{1} : \dfrac{1}{2} = 2 : 1$ となるため，C から E に向かって走るとき，PQ 間を時速 60 km で走ると $6 \times \dfrac{2}{2-1} = 12$（分）かかり，RS 間を時速 120 km で走ると $14 \times \dfrac{1}{2-1} = 14$（分）かかることになる。

よって，求める時間は，$2.3 \div 1.5 + 12 + 14 = 27\dfrac{8}{15}$（分），つまり，27 分 $\left(60 \times \dfrac{8}{15}\right)$ 秒 $= \mathbf{27}$ 分 $\mathbf{32}$ 秒

平成 ㉖ 年度 解答例・解説

──《解答例》──

1 (1)$\dfrac{2}{3}$　(2)$1\dfrac{1}{2}$　(3)50　(4)$16\dfrac{4}{11}$　(5)31　(6)45　(7)1 : 3

2 (1)15　(2)頂点…B　回数…11

※3 (1)120　(2)53

4 (1)①18　②16　③16　(2)(ア)右図　(イ)55

※5 (1)2 : 1　(2)(ア)28　(イ)5，57

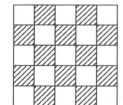

※3，5の求め方は解説を参照してください。

──《解　説》──

1 (1)　与式 $= \dfrac{2}{13} \div \left(\dfrac{1}{2} - \dfrac{1}{5}\right) + \dfrac{3}{8} \div \left(\dfrac{3}{4} + \dfrac{1}{8} + \dfrac{5}{4} \times \dfrac{5}{4}\right) = \dfrac{2}{13} \times \dfrac{10}{3} + \dfrac{3}{8} \times \dfrac{16}{39} = \dfrac{20}{39} + \dfrac{6}{39} = \dfrac{2}{3}$

(2)　与式より，$\dfrac{3}{8} \div \left(\dfrac{3}{2} - \square \div \dfrac{7}{4}\right) + \dfrac{11}{4} \times \dfrac{1}{3} = \dfrac{3}{2}$　　$\dfrac{3}{8} \div \left(\dfrac{3}{2} - \square \div \dfrac{7}{4}\right) + \dfrac{11}{12} = \dfrac{3}{2}$

$\dfrac{3}{8} \div \left(\dfrac{3}{2} - \square \div \dfrac{7}{4}\right) = \dfrac{3}{2} - \dfrac{11}{12}$　　$\dfrac{3}{8} \div \left(\dfrac{3}{2} - \square \div \dfrac{7}{4}\right) = \dfrac{7}{12}$　　$\dfrac{3}{2} - \square \div \dfrac{7}{4} = \dfrac{3}{8} \div \dfrac{7}{12}$　　$\square \div \dfrac{7}{4} = \dfrac{3}{2} - \dfrac{9}{14}$

$\square = \dfrac{6}{7} \times \dfrac{7}{4} = \dfrac{3}{2} = 1\dfrac{1}{2}$

(3)　食塩水から水を蒸発させても溶けている食塩の量は変わらないから，水を蒸発させてできた 12%の食塩水に溶けている食塩の量は，最初の食塩水に溶けていた食塩の量に等しく $300 \times \frac{10}{100} = 30$（ g ）である。

よって，できた食塩水の量は $30 \div \frac{12}{100} = 250$（ g ）とわかるから，蒸発させた水は $300 - 250 = \textbf{50}$（ **g** ）である。

(4)　長針は 1 分で $360 \div 60 = 6$（度）動き，短針は 1 時間で $360 \div 12 = 30$（度），1 分で $30 \div 60 = \frac{1}{2}$（度）動く。

長針と短針の間の角度は，3 時ちょうどのときに $30 \times 3 = 90$（度）であり，2 つの針が重なるまで 1 分ごとに $6 - \frac{1}{2} = \frac{11}{2}$（度）小さくなる。

よって，2 つの針が重なるのに $90 \div \frac{11}{2} = \frac{180}{11} = 16\frac{4}{11}$（分）かかるから，求める時刻は 3 時 $16\frac{4}{11}$**分**である。

(5)　A，B，C，D が 1 つのリーグで総当たり戦を行うとすると，A対B，A対C，A対D，B対C，B対D，C対D の 6 試合が行われる。したがって，4 つのリーグ戦で合計 $6 \times 4 = 24$（試合）行われる。

また，トーナメント戦では，試合を行うチームが全部で $2 \times 4 = 8$（チーム）あり，1 試合ごとに 1 チームが敗退するから，優勝するチームが決まるまでに $8 - 1 = 7$（試合）行われる。

よって，全部で $24 + 7 = \textbf{31}$（**試合**）行われる。

(6)　四角形ＡＢＣＤが正方形，三角形ＥＢＣが正三角形だから，三角形ＡＢＥはＡＢ＝ＢＥの二等辺三角形であるとわかる。

角ＡＢＥの大きさは $90 - 60 = 30$（度）だから，角ＢＥＡの大きさは $(180 - 30) \div 2 = 75$（度）である。

よって，求める角の大きさは，$180 - 75 - 60 = \textbf{45}$（**度**）

(7)　高さが等しい三角形の面積の比は底辺の長さの比に等しいことを利用する。

ＢＣ：ＤＣ＝$(1 + 2)$：$2 = 3$：2 だから，三角形ＡＢＣと三角形ＡＤＣの面積の比は 3：2 である。三角形ＡＢＣの面積を 1 とすると，三角形ＡＤＣの面積は $\frac{2}{3}$，三角形ＤＣＥの面積は $\frac{1}{2}$ と表せるから，三角形ＡＤＣと三角形ＤＣＥの面積の比は $\frac{2}{3}$：$\frac{1}{2} = 4$：3 である。

したがって，ＡＣ：ＥＣ＝4：3 だから，求める長さの比は，ＡＥ：ＥＣ＝$(4 - 3)$：$3 = \textbf{1}$：**3**

2 (1)　次のようにグループに分けると，第 n グループには 1 から n までの n 個の整数が並ぶ。

$1 \mid 1, 2 \mid 1, 2, 3 \mid 1, 2, 3, 4 \mid \cdots$

$1275 - 50 = 1225$，$1240 - 1225 = 15$ より，$1240 = 1 + 2 + \cdots + 49 + 15$ だから，左から数えて 1240 番目の数は第 50 グループの 15 番目の数とわかる。よって，求める数は **15** である。

(2)　図形の中を点や光がはねかえりながら進む問題では，打ち出された球がはじめに進む方向に線を延長し，この線に沿ってはねかえる辺で図形を折り返していくと，球がはねかえる場所がわかる。

この問題では，球がはじめに進む線と正方形の辺でできる直角三角形の直角に交わる 2 辺の長さ（8 ㎝と 5 ㎝）が，1 以外の公約数をもたない（8 と 5 が互いに素）から，右図のように正方形が横に 5 個，縦に 8 個並んだところで，はじめて球が正方形の頂点につく。

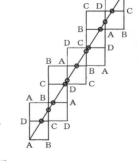

この図から，球がつく頂点は**B**とわかる。また，正方形は全部で $5 + 8 - 1 = 12$（個）あるから，正方形を折り返した回数，つまり球がはねかえった回数は $12 - 1 = \textbf{11}$（**回**）である。

3 (1)　あふれる水の体積は，底面積が 8 ㎠で高さが 20 ㎝の四角柱と，底面積が 2 ㎠で高さが 20 ㎝の四角柱の体積の差に等しい。よって，求める体積は，$8 \times 20 - 2 \times 20 = 160 - 40 = \textbf{120}$（**㎤**）

(2)　四角柱を入れたあと，水が入っていない部分（底面積が 3 ㎠で高さが 20 ㎝の四角柱を含む）の容積は容器Ａの容積よりも 160 ㎤少ない。

四角柱のうち水の中に入っている部分の体積は $3 \times (20-2) = 54$ (cm³) だから，容器Aの上側2cmの容積は

$160 - 54 = 106$ (cm³) とわかる。

よって，容器Aの底面積は，$106 \div 2 = $ **53** (cm³)

4 (1) 図3のPの位置に黒色のブロックを入れる場合，操作Xで2色のブロックは右図のようにおさ

まる。

この図から，黒色のブロックは **18** 個，白色のブロックは **16** 個おさめることができるとわかる。

ブロックAは，黒色のブロック1個と白色のブロック1個でできるブロックだから，「型枠1」

におさめることができるブロックAの最大の個数は，操作Xでおさめることができる黒色のブロックの個数と白

色のブロックの個数のうちの少ない方の値に等しくなる。

したがって，ブロックAは **16** 個入れることができる。

(2)(ア) 操作Xを行うと，黒色のブロックと白色のブロックは各「型枠」に下図のようにおさまる。

1段目　　　　　2段目　　　　　3段目　　　　　4段目　　　　　5段目

(イ) (ア)の解説の図から，操作Xで「型枠2」におさまる黒色のブロックの個数は $11+12+9+12+11 =$

55(個)，白色の個数は $12+13+12+13+12 = 62$(個)とわかるから，ブロックAは最大 **55** 個入る。

5 (1) できるだけ早くQ地点まで運ぶから，2台のトラックの速さが同じになるように荷物を積めばよい。

1200 kg すべてをAに積むと，$120 - 3 \times (1200 \div 100) = 84$ より，Aの速さは時速84kmになる。

この状態でAからBに100kgずつ荷物を移動して，2台のトラックの速さが同じになるようにする。

この状態では，AとBが1時間に進む距離の差は $100-84 = 16$ (km) であり，荷物を100kg移動するごとにこの差は

$3+1 = 4$ (km) ずつ減るから，AからBに $100 \times (16 \div 4) = 400$ (kg) 移動すれば，2台のトラックの速さが同じに

なるとわかる。

よって，求める重さの比は，$(1200-400) : 400 = $ **2 : 1**

(2)(ア) 2台のトラックがそれぞれできる限りの荷物を積んだときの速さを調べると，2 t = 2000 kg，

$120 - 3 \times (2000 \div 100) = 60$，4 t = 4000 kg，$100 - 1 \times (4000 \div 100) = 60$ より，AとBともに時速60kmとわかる。

したがって，AとBがそれぞれできる限りの荷物を積んでいると，P地点からQ地点までにかかる時間は等し

く，$50 \div 60 = \dfrac{5}{6}$ (時間) である。

また，Q地点からP地点までにかかる時間は，Aが $50 \div 120 = \dfrac{5}{12}$ (時間)，Bが $50 \div 100 = \dfrac{1}{2}$ (時間) だから，1

往復にかかる時間は，Aが $\dfrac{5}{6} + \dfrac{5}{12} = \dfrac{5}{4}$ (時間)，Bが $\dfrac{5}{6} + \dfrac{1}{2} = \dfrac{4}{3}$ (時間) である。

Aが5回目にQ地点につくのは同時にP地点を出発した $\dfrac{5}{4} \times (5-1) + \dfrac{5}{6} = \dfrac{35}{6}$ (時間後) だから，$\dfrac{35}{6} \div \dfrac{4}{3} = \dfrac{35}{8} = 4\dfrac{3}{8}$

より，このときBは4往復と $\dfrac{4}{3} \times \dfrac{3}{8} = \dfrac{1}{2}$ (時間) 走っている。

このことから，BがP地点で最後に荷物を積むまでにAとBが運んだ荷物の合計は，$2 \times 5 + 4 \times 4 =$

26(t)とわかる。

問題文より，最後にBがP地点で積んだ荷物の半分を空のAに積み替えると，2台のトラックの速さが同じに

なったとわかるから，このとき2台のトラックの，荷物がない状態よりも遅くなった速さの比は3:1である。

この比の数の差の $3-1 = 2$ が1時間に進む距離の差の $120-100 = 20$ (km) にあたるから，Bが1時間に進む

距離は $20 \times \dfrac{1}{2} = 10\,(\mathrm{km})$ 短くなっており，最後にBがP地点で積んだ荷物の重さは

$\{100 \times (10 \div 1)\} \times 2 = 2000\,(\mathrm{kg})$，つまり 2 t とわかる。

よって，求める重さは，$26 + 2 = 28\,(\mathbf{t})$

（イ）（ア）より，Bは最後にP地点で 2 t の荷物を積むから，$100 - 1 \times (2000 \div 100) = 80$ より，Bが最後にP地点を出発したときの速さは時速 80 km である。

Bが最後にP地点を出発した $\dfrac{1}{2}$ 時間後にAが 5 回目にQ地点についたから，このときBはP地点から $80 \times \dfrac{1}{2} = 40\,(\mathrm{km})$ のところにいる。

このあと 2 台のトラックは，1 時間に $120 + 80 = 200\,(\mathrm{km})$ の割合で近づくから，$(50 - 40) \div 200 = \dfrac{1}{20}$（時間後）に出会う。

これはQ地点から $120 \times \dfrac{1}{20} = 6\,(\mathrm{km})$ の地点だから，BからAに荷物を移し替えてからQ地点につくまでに $6 \div (100 - 10) = \dfrac{1}{15}$（時間）かかる。

Aが 5 回目にQ地点についたのは同時にP地点を出発した $\dfrac{35}{6}$ 時間後だから，かかった時間は $\dfrac{35}{6} + \dfrac{1}{20} + \dfrac{1}{15} = 5\dfrac{57}{60}$（時間）であり，$\dfrac{57}{60}$ 時間は $60 \times \dfrac{57}{60} = 57$（分）だから，求める時間は **5 時間 57 分** となる。

理 科

―――――《解答例》―――――

1 問1．イ，エ　　問2．ウ，カ　　問3．①呼吸　②二酸化炭素　　問4．イ　　問5．ア

問6．ウ→イ→エ　　問7．自分の腹にあるふくろの中から得る。　　問8．ウ

2 問1．ウ，オ　　問2．(1)D　(2)B　(3)ア　　問3．ウ　　問4．(1)エ　(2)ア，カ

問5．黄色でないトウモロコシの実を与え

3 問1．ウ　　問2．ウ　　問3．(1)ア　(2)カ　　問4．ア　　問5．ア　　問6．ア，ウ　　問7．ウ

4 問1．C　　問2．イ　　問3．−13.2　　問4．6.4　　問5．イ，ウ，カ　　問6．0　　問7．イ

問8．カ　　問9．8

5 問1．(1)(イ・ウ)→オ→エ→ア　(2)ア→オ→イ→ウ→エ　　問2．(1)下図　(2)下図　(3)下図

問3．ウ→(イ・エ)→(ア・オ)

問4．①イ　②ウ　③ア　　問5．(a)ウ　(b)ア　(c)ア，イ，ウ

6 問1．イ　　問2．ウ　　問3．200　　問4．右グラフ

問5．20 ～ 1700　　問6．下図

5問2．(1)の図

5問2．(2)の図

5問2．(3)の図

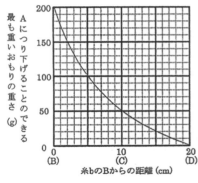

Aにつり下げることのできる最も重いおもりの重さ (g)

糸bのBからの距離 (cm)

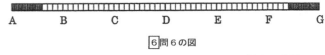

A　　B　　C　　D　　E　　F　　G

6問6の図

―――――《解 説》―――――

1 **問2**　ウ，カ○…ＢＴＢ溶液は酸性で黄色，中性で緑色，アルカリ性で青色に変化する。二酸化炭素は水にとけると酸性を示すので，息を吹きこむとＢＴＢ溶液を加えた緑色の水が黄色に変化する。水草は光が当たると，水と二酸化炭素を材料にしてデンプンと酸素をつくりだす。このはたらきを光合成という。光が十分に当たり，呼吸より光合成が盛んに行われるようになると，全体として二酸化炭素を吸収することになり，水の色は緑色に戻る。これに対し，水草に光が当たらなければ，光合成が行われず二酸化炭素の量は減らない(増えていく)ので，水の色は黄色のまま変化しない。

問3，4　微生物が呼吸をすることで，水中の汚れとなる物質が分解される。微生物の呼吸では人の呼吸と同様に，酸素が取りこまれ，二酸化炭素が排出される。

問5　ア○…放流した水では微生物がほとんど見られなかったことから考える。自然の川に微生物をたくさんふく

んだ水が放流されると，微生物の呼吸によって川の中の酸素が減少し，川の中の魚などが死んでしまうことがある。

問8　ウ○…表より，ヒメダカと野生のメダカを両親とする子どもは，ヒメダカと野生のメダカの両方の特徴をもち，野生のメダカとは全く異なるメダカになるので，このメダカの数が増えたとしても，自然が本来の姿に戻ったとは言えない。

2　問2(1)　雌しべの根元のふくらんだ部分(子房)が実になる。　　(2)(3)　雌しべの先端部分(キュウリの雌花ではB)を柱頭といい，ここに花粉がつくことを受粉という。トウモロコシの雌花では，糸状のEの部分が柱頭で，このどこかに花粉がつけばよく，風で運ばれてきた花粉が受粉しやすくなっている。

問3　ア，エ×…日光が当たらない土の中にできたいもでは光合成が行われないから，葉でつくられたデンプンがいもに移動したと考えられる。　イ×…デンプンのまま茎の中を移動するのであれば，茎の断面にヨウ素液をつけたときに色の変化が見られるはずである。

3　問1　自分の頭の上にある雨雲が黒っぽく見えるのは，太陽の光が雨雲によってさえぎられて暗くなるためである。なお，自分の頭の上にある黒っぽい雨雲を遠い場所から他の人が見れば，光の反射によって白く見える。

問2　台風の中心に向かって反時計回りに風が吹きこんでいるので，ウのように見える。

問3　新月になるのは，地球－月－太陽の順に一直線に並ぶときだから，エ，オ，キは誤りである。また，宇宙船が，国際宇宙ステーションがある高さで地球を1周するときのことだから，宇宙船が月よりも遠くにあるイとウは誤りである。太陽が見えなくなった時間の長さから，(1)が月によって，(2)が地球によって太陽が隠されたときだと考えられるので，(1)は宇宙船と太陽の間に月があるア，(2)は宇宙船と太陽の間に地球があるカが正答となる。

問4　オリオン座のベテルギウス，こいぬ座のプロキオンとともに冬の大三角をつくるシリウスをふくむアが正答となる。なお，イのベガ，ウのデネブ，エのアルタイルは夏の大三角をつくる。

問5　発射(新月の日)から1週間後だから，地球から見た月は南の空で右半分が光って見える半月(上弦の月)である。したがって，上弦の月の近くにあるアが正答となる。

問6　ア○，イ×，エ×…太陽系の惑星を太陽に近い順に並べると，水星，金星，地球，火星，木星，土星，天王星，海王星となる。水星，金星，地球，火星は，おもに岩石からなる小型の惑星で，木星，土星，天王星，海王星はおもに気体からなる大型の惑星である。　ウ○…太陽のように自ら光っている星を恒星といい，惑星は恒星の周りを回っている自ら光らない星である。

4　問1　外側から冷やされていくので，C→B→Aの順にこおり始める。

問2　イ○…容器の直径が大きいと，甘みが濃い部分がどんどん内側に集まって，内側と外側で甘みの差が大きくなるので，容器の直径を小さくすればよい。

問3　凝固点が－21.0℃になるまでは，重さが1g重くなると凝固点が3.3℃低くなっているので，重さが4gのときには，3gのときより3.3℃低い－13.2℃になると考えられる。

問4　食塩が1g溶けると凝固点が3.3℃下がると考えればよい。食塩を8g加えたときの凝固点は21.0℃下がっているから，8gのうち溶けているのは $1 \times \dfrac{21.0}{3.3} = 6.36 \cdots \rightarrow 6.4$ gである。

問5　ア×，イ○…水の凝固点は0℃だから，食塩や砂糖を溶かすと凝固点は下がることがわかる。ウ○，エ×…ものが溶けている間は，溶けているものの重さが一定の割合で大きくなると，凝固点が一定の割合で下がることがわかる。　オ×，カ○…重さが5gのときの凝固点は，食塩水では－16.5℃，砂糖水では－4.5℃で，食塩水の方が低いことがわかる。

問7　イ○…冷やし続けているにも関わらず，Yで温度が一定になっているのは，水が液体から固体に変化するときに熱が放出されるためである。液体がすべて固体に変化すると，再び温度は下がり始める。

問9　水が20gのとき，砂糖が5g溶けると凝固点が1.5℃下がるから，凝固点が−2.5℃になるのは砂糖が$5×\dfrac{2.5}{1.5}=\dfrac{25}{3}$（g）溶けているときである。つまり，水と溶けている砂糖の割合が$20:\dfrac{25}{3}$になれば，凝固点が−2.5℃になるということだから，溶けている砂糖が5gであれば，水が$20×(5÷\dfrac{25}{3})=12$（g）になればよいので，氷になった水は20−12＝8（g）である。

5　問1(1)　図Iで色のついた直角三角形の辺の長さに着目すると，×からの距離がオでは10cmより大きくなる。また，エでは，ウを通る経路では20cmで，オを通る経路では20cmよりは小さくなる。したがって，（イ・ウ）→オ→エ→アの順になる。　(2)　熱は最短距離で図IIのように伝わる。それぞれの経路の長さを変えずに比べやすく1つにまとめて表したものが図IIIである。例えばウとエについて，色のついた三角形の辺の長さに着目すると，全体の経路はウの方が短くなることがわかる。同様に考えれば，ウとイではイ，イとオではオ，オとアで

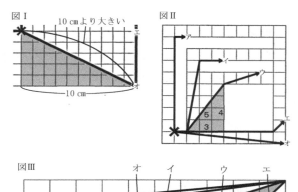

図I　10cmより大きい　エ　10cm
図II
図III　オ　イ　ウ　エ　×　ア

はアの方が短くなる。したがって，温度が上がり始めるのが早い順にア→オ→イ→ウ→エとなる。

問2　あたたまった水は，左右と上には移動するが，下には移動しないと考えればよい。

問3　より多くの鏡で反射した光が当たっている部分ほど温度が高くなる。したがって，ウ→（イ・エ）→（ア・オ）の順になる。

問4　①あたたかい空気が移動することであたたまるから対流である。　②熱源に触れていなくてもあたたまるから放射である。　③熱源に触れていることであたたまるから伝導である。

問5　(a)金属部分を近い順に伝わるからウ→イ→アの順になる。　(b)あたためられた空気が上に移動して全体があたたまっていくからア→イ→ウの順になる。　(c)直線距離が同じであれば，光が届くまでの時間も等しいので，3点が同時にあたたまる。

6　問1　イ○…Aを上に押すと，棒の重さがかかっているDを支点として棒を右に傾けるはたらきが生じるので，必ず右に傾く。

問2　ウ○…Aを上に押すと，Fを支点として棒を右に傾けるはたらきが生じる。このとき，Dにかかる棒の重さは棒を左に傾けようとするので，Aを上に押す力が弱ければ棒は水平のままで，Aを上に押す力が十分に強ければ棒は右に傾く。

問3　Bを支点として，棒を傾けるはたらき〔重さ（g）×支点からの距離（cm）〕が支点の左右で等しくなるときを考える。Dにかかる棒の重さが棒を右に傾けるはたらきは$100(g)×20(cm)=2000$なので，おもりの重さが最大$2000÷10(cm)=200(g)$までなら，棒は水平のままである。

問4　問3解説と同様に考えて，糸bのBからの距離を5cmずつ動かしていったときの，棒の重さが棒を右に傾けるはたらき，支点からAまでの距離，Aにつり下げることができる最も重

表I

Bからの距離(cm)	0	5	10	15	20
右に傾けるはたらき	2000	1500	1000	500	0
支点からAまでの距離(cm)	10	15	20	25	30
最も重いおもりの重さ(g)	200	100	50	20	0

いおもりの重さをまとめると，表Ⅰのようになる。グラフ上にこれらの点をとり，なめらかな曲線で結べばよい。

問5　Aにつり下げたおもりが棒を左に傾けるはたらきは，支点をBとしたときが最小で 300（g）×10（cm）＝3000，支点をFとしたときが最大で 300（g）×50（cm）＝15000 である。支点をBとしたとき，棒の重さが棒を右に傾けるはたらきが 100（g）×20（cm）＝2000 だから，Gにつり下げるおもりが棒を右に傾けるはたらきが 3000－2000＝1000 になればよいので，このときの重さは 1000÷50（cm）＝20（g）である。また，支点をFとしたとき，棒の重さが棒を左に傾けるはたらきが 100（g）×20（cm）＝2000 だから，Gにつり下げるおもりが棒を右に傾けるはたらきが 15000＋2000＝17000 になればよいので，このときの重さは 17000÷10（cm）＝1700（g）である。

問6　おもりをBとFの間につり下げたときは，おもりの重さが3本の糸に分かれてかかるので，棒は傾かない。したがって，Bを支点としたときとFを支点としたときについて，棒の重さが棒を傾けるはたらきと 500g のおもりが棒を傾けるはたらきを比べればよい。Bを支点としたとき，棒の重さが棒を右に傾けるはたらきは 2000 だから，500g のおもりはBから最大で左に 2000÷500（g）＝4（cm）まではなすことができる。また，Fを支点としたとき，棒の重さが棒を左に傾けるはたらきは 2000 だから，500g のおもりはFから最大で右に 2000÷500（g）＝4（cm）まではなすことができる。つまり，Bから左に4cmの点から，Fから右に4cmの点までの間に 500g のおもりをつり下げれば，棒を水平のままにすることができる。

《解答例》

1　問１．②，③，①　問２．胃液　問３．たん汁〔別解〕すい液　問４．名称…じゅう毛　役割…（エ）

　問５．（ウ）　問６．毛細血管　問７．呼吸　問８．（ウ），（オ）　問９．（ウ）

2　問１．①酸素　②気こう　③蒸散　問２．ヨウ素液　問３．（エ）　問４．（ア），（イ）　問５．呼吸のみ行

　っているから。　問６．B　問７．（エ）

3　問１．（イ）　問２．正午…（エ）　日の入り直前…（カ）　問３．（ウ），（オ）　問４．（ア）　問５．（カ）

　問６．⑴（ウ）⑵（ア）　問７．（オ）　問８．（ア），（イ），（ウ）　問９．晴れ

4　問１．7.8　問２．600　問３．（イ），（エ）　問４．3.5　問５．20　問６．3.7

5　問１．ガリレオ・ガリレイ　問２．（ア）　問３．方法Ⅱ　問４．糸の長さが変化してしまうため。

　問５．（ア）C，E　（イ）A，C　（ウ）A，B　問６．座った場合

6　問１．①，⑤，⑥　問２．最も明るい…②　最も暗い…④　問３．②　問４．イ，カ

《解　説》

1　**問１〜４**　食べ物は，口→①食道→胃→②小腸→③大腸→肛門の順に通る。この食べ物の通り道を消化管といい，

長い方から②，③，①の順である。食道のあとに出る広い場所は胃で，タンパク質を消化する胃液が出ている。胃

とつながっている小腸の入り口部分をとくに十二指腸といい，肝臓でつくられるたん汁やすい臓でつくられるす

い液が流れこんでくる。小腸の壁はひだ状になっていて，さらにひだの表面に小さなでっぱり（じゅう毛）が多数ある

ことで，表面積が非常に大きくなり，養分を効率よく吸収することができる。

　問５，６　カプセルBが入った空気が出入りしている管は気管である。気管は枝分かれして気管支となり，その先

端は肺胞という小さな袋になっている。肺胞のまわりには毛細血管が巻きついていて，ここで全身から運ばれて

きた二酸化炭素を排出し，酸素をとりこんでいく。したがって，気管支から出ていく空気には二酸化炭素が多く含

まれていて，これが呼気として口から出される。

　問８　肝臓はたん汁をつくるので消化に関わる器官ではあるが，消化管ではないので，カプセルは通っていない。

また，じん臓でつくられた尿が送られて一時的にためておく場所がぼうこうだから，カプセルは通っていない。

　問９　じゅう毛の長さは約１㎜である。カプセルAは多数あるじゅう毛の間に入って周りを観察しているから，非

常に小さいことがわかる。また，肺胞１つの大きさは約 0.2 ㎜である。カプセルBは肺胞の中で大きくゆらされた

とあるので，0.2 ㎜よりもさらに小さいと考えられる。したがって，（ウ）が正答となる。

2　**問２**　ヨウ素液はデンプンに反応して青紫色に変化する。

　問３　ワセリンをぬることで気こうがふさがれて，気体の出入りが妨げられるから，葉にワセリンをぬらなかっ

た枝Dで最も盛んに蒸散が起こり，水の減少量が多くなる。また，気こうは葉の裏側に多く存在するとあるので，

裏側にワセリンをぬっていない枝Bで水の減少量が２番目に多く，葉の表側と裏側の両方にワセリンをぬった枝A

で水の減少量が最も少なくなる。したがって，多い順にD→B→C→Aとなる。

問4　(ウ)二酸化炭素吸収量が多いときほど光合成が活発に行われている。表側から 50000 ルクスの光をあてたときの二酸化炭素吸収量は，裏側から 100000 ルクスの光をあてたときより多いから誤り。(エ)100000 ルクスの光をあてたときの方が二酸化炭素吸収量の差は大きいから誤り。

問5　植物は，光があたらなければ光合成は行わず，呼吸のみを行う。

問6　二酸化炭素を吸収したということは，呼吸より光合成が盛んに行われたということだから，デンプンが増える。Ｘのとき，Ｂは二酸化炭素を吸収しているが，Ａは二酸化炭素を放出している（光合成より呼吸が盛んに行われている）ので，デンプンの量が増えるのはＢである。

問7　問6より，Ａは陽葉，Ｂは陰葉だと考えられる。また，図5より，陰葉の方が全体的に葉身長も葉身幅も大きいことがわかる。したがって，陰になりやすい北側にＢがあり，ＢがＡより大きい(エ)が正答となる。

[3] 問1　(ア)粒の直径は，れき岩が2㎜以上，砂岩が006㎜〜2㎜，泥岩が 0.06㎜以下である。(ウ)泥岩の中にも化石が見られることがある。(エ)激しい噴火によって空高くまで噴き上げられた火山灰が，上空の風に運ばれて遠く離れた地域に積もることがある。(オ)海底火山の噴火によって，海底に火山灰の地層ができることがある。

問2　夏至の太陽は，真東よりやや北側の地平線からのぼって，正午にほぼ真南を通り，真西よりやや北側の地平線にしずむ。影ができる向きは太陽がある方向と反対だから，正午は北，日の入り直前は真東よりやや南側である。

問3　日の出，日の入りの位置が問2解説のようになるため，夏至の日は1年のうちで，昼の時間が最も長く(ウ)，南中高度が最も高くなる(オ)。

問4　雨を降らせる雲には乱層雲と積乱雲がある。これらのうち，長い時間雨を降らせるのは乱層雲である。

問5　7月 28 日に皆既月食が見られたことに着目する。皆既月食は，太陽，地球，月の順に一直線に並び，月が地球の影に入ることで，月全体が見えなくなる現象である。このように並ぶのは満月のときである。したがって，満月から約1週間後の8月4日の月は下弦の月で，下弦の月は真夜中頃に東の地平線からのぼってくるから，夜9時頃には見ることができない。

問6　⑴は(ウ)の強風域，⑴の内側の太い線でかかれた円の内部が(イ)の暴風域である。⑵は(ア)の予報円である。

問7　8月 11 日は，月齢が約 15 である満月（7月 28 日）の 14 日後の月だから，(オ)が正答となる。

問8　(ア)を構成する北極星は1年中観察できる。(イ)のデネブ，わし座のアルタイル，こと座のベガを結ぶと夏の大三角ができる。夏の大三角に関わる星座や(ウ)は夏の夜空を代表する星座である。(エ)と(オ)は冬の夜空を代表する星座である。

問9　雨や雪などが降っていないときは，空全体を雲がしめる割合で天気が決まる。空の広さを 10 として，雲の割合が0〜8のときは晴れ（0と1のときを特に快晴），9と 10 のときはくもりである。

[4] 問1　実験1の結果の表より，水酸化ナトリウムの重さと水溶液の上昇温度には比例の関係があることがわかる。水酸化ナトリウムの重さが1gから3倍の3gになれば，水溶液の上昇温度も 2.6℃から3倍の 7.8℃になる。

問2　実験2の結果の表より，水の体積と水溶液の上昇温度には反比例の関係があることがわかる。問1と同様に考えて，水の体積が 100 ㎤であれば水酸化ナトリウムの重さが6gのときの上昇温度は 2.6×6＝15.6（℃）になるが，ここでは上昇温度は 2.6℃だから，水の体積は 100 ㎤の 15.6÷2.6＝6（倍）の 600 ㎤であることがわかる。

問3　(ア)鉄が溶けて水素が発生する方が塩酸である。(イ)どちらもアルミニウムが溶けて水素が発生する。(ウ)においがある方が塩酸である。(エ)どちらも変化しない。(オ)青色に変化する方が水酸化ナトリウム水溶液である。

問4　アルカリ性の水酸化ナトリウム水溶液Ａと酸性の塩酸Ｂを混ぜ合わせると，たがいの性質を打ち消し合う中和が起こり，塩化ナトリウムと水ができる。表で，①，③，⑤が中性だから，ＡとＢは体積比1：1で過不足なく反応することがわかる。Ａ75 ㎤とＢ25 ㎤を混ぜると，Ａ25 ㎤とＢ25 ㎤が反応して塩化ナトリウムが 1.45 gできる（①と同じ）。また，Ａが 75－25＝50（㎤）残るから，水を蒸発させるとＡに溶けている水酸化ナトリウムの固体も出てくる。実験5より，Ａ100 ㎤から4gの水酸化ナトリウムが出てくるから，Ａ50 ㎤からは4gの半分の2gの水酸化ナトリウムが出てくる。したがって，出てくる固体は合計で 1.45＋2＝3.45→3.5 gである。

問5　過不足なく反応する体積比に着目する。問4解説より，A：B＝1：1だから，実験6では，A50㎤とB50㎤が反応し，残ったB60−50＝10（㎤）とC30㎤が反応するから，C：B＝3：1…⑦である。また，実験7では，A40㎤とB40㎤が反応し，残ったA70−40＝30（㎤）とD20㎤が反応するから，A：D＝3：2…⑥である。したがって，⑦と⑥を合わせて考えると，C：D＝（3×3）：（1×2）＝9：2となるから，C90㎤と過不足なく反応するDは20㎤である。

問6　実験3，4より，上昇温度は反応したA（またはB）の体積に比例し，混合溶液の体積に反比例すると考えられる。問5解説より，CはAの$\frac{1}{3}$倍の濃さだから，問5で反応したC90㎤は$90×\frac{1}{3}＝30$（㎤）のAと同じである。また，混合溶液の体積は90＋20＝110（㎤）になる。表の①で，反応したAが25㎤，混合溶液の体積が25＋25＝50（㎤）のとき，水溶液の上昇温度が6.8℃だから，問5のときの上昇温度は$6.8×\frac{30}{25}×\frac{50}{110}＝3.70…→3.7$℃である。

5　問4　ここでは，おもりの中心までの長さを糸の長さとしている。おもりの中心とは，おもりの重さがすべて一点にかかると考えたときの重心である。図のように連ねてつるすと，3つのおもりの重心は真ん中のおもりの中心になり，糸の長さが長くなってしまう。

問5　（ア），（イ），（ウ）の3つの条件のうち，調べたい条件以外がまったく同じになっている組み合わせを選べばよい。（ア）による変化を調べるには（イ）と（ウ）の条件が同じCとE，（イ）による変化を調べるには（ア）と（ウ）の条件が同じAとC，（ウ）による変化を調べるには（ア）と（イ）の条件が同じAとBを比べればよい。なお，これらの結果を比べることで，ふりこが1往復する時間は，おもりの重さや引き上げた角度の影響は受けず，ふりこの糸の長さが長いほど1往復にかかる時間が長くなることがわかる。

問6　立った場合と座った場合では，座った場合の方が重心が下にあるので，これはふりこの糸の長さが長いことと同じである。したがって，問5解説より，座った場合の方が1往復にかかる時間が長くなる。

6　問1～3　①図2に対して電池の数が2倍だから，それぞれの豆電球に流れる電流は$\frac{1}{2}×2＝1$になり，明るさは1×1＝1になる。よって，どちらの豆電球も図1と同じ明るさである。このとき回路全体の明るさは1＋1＝2である。②図3に対して電池の数が2倍だから，それぞれの豆電球に流れる電流は1×2＝2になり，明るさは2×2＝4になる。このとき回路全体の明るさは4＋4＝8である。③並列につなぐ電池の数を増やしても，豆電球に流れる電流の大きさは電池が1個のときと同じである。したがって，それぞれの豆電球の明るさも回路全体の明るさも図2と同じである。④豆電球3つが直列つなぎになっているから，それぞれの豆電球に流れる電流は$\frac{1}{3}$であり，明るさは$\frac{1}{3}×\frac{1}{3}＝\frac{1}{9}$である。このとき回路全体の明るさは$\frac{1}{9}＋\frac{1}{9}＋\frac{1}{9}＝\frac{1}{3}$である。⑤上の2つの直列つなぎの豆電球は図2と同じ，下の1つの豆電球は図1と同じ明るさになる。このとき回路全体の明るさは$\frac{1}{4}＋\frac{1}{4}＋1＝1\frac{1}{2}$である。⑥図3のときと同様に考えて，それぞれの豆電球の明るさは図1と同じ1である。このとき回路全体の明るさは1＋1＋1＝3である。

問4　ア～ウの3つの豆電球の光り方に着目する。アを取り外すとイとウが光り，このときのイとウの明るさは図2と同じである。また，ウを取り外すとアとイが光り，このときのアとイの明るさは図2と同じである。これらに対し，イを取り外したときにはアとウは光らなくなる。ア～ウのどれか1つを取り外したときのエ～カの光り方は変化しないから，回路全体の明るさが最も暗くなるのはイのときである。エ～カの3つ豆電球についても同様に考えると，エかオのどちらか一方を取り外したときの回路全体の明るさはアやウを取り外したときと同じで，カを取り外したときはエとオが光らなくなるので，回路全体の明るさはイを取り外したときと同じになる。

━━━━━━━━━━━━━━ 《解答例》 ━━━━━━━━━━━━━━

1　問１．Dさん　　問２．B君　　問３．A.①　B.①　C.①　D.②　E.①　　問４．Cさん

問５．B君／Eさん　　問６．B君／Dさん　　問７．血しょう　　問８．赤血球

問９．大きなもの…白血球　小さなもの…血小板

2　問１．(イ), (ウ)　　問２．(ア)　　問３．(1)(キ)　(2)(カ)　(3)(オ)　　問４．(1)ヨウ素液　(2)(イ)

3　問１．(1)(ア)　(2)⑥　　問２．断層　　問３．(ウ)→(ア)→(イ)　　問４．3　　問５．(1)(イ)　(2)二酸化炭素

(3)(ウ)　(4)80

4　問１．B.黄　D.青　　問２．①0.30　②0.37　　問３．1　　問４．0.405

5　問１．(ウ)　　問２．(イ)　　問３．(エ)　　問４．(ア)　　問５．(エ)　　問６．(ウ)　　問７．(ア)

問８．日の出…(ウ)　日の入り…(ウ)

6　問１．50　　問２．0.8　　問３．8.9　　問４．8.8　　問５．(キ), (ク)

7　問１．①0　②1　③4　④3　　問２．ア.(エ)　イ.(オ)　　問３．(エ)　　問４．(イ), (オ)

━━━━━━━━━━━━━━ 《解　説》 ━━━━━━━━━━━━━━

1　**問１**　心臓から出ていく血液が流れる血管を動脈，心臓にもどってくる血液が流れる血管を静脈という。図Ⅰの血液循環の模式図でA君～Eさんの入った位置を示した。肺と心臓は近く，肺で酸素をもらった血液は，肺を出てすぐに心臓の左心房に入る。よって，Dさんが最も早く心臓にたどり着く。

問２　心臓を出た血液は大動脈から次第に枝分れして毛細血管に入り体の各部に酸素を運び二酸化炭素を回収し，大静脈を通って心臓にもどる。よって，左足首の太い動脈から入ったB君が最も遅く心臓にたどり着く。

問３　Dさんは左心房(②)，A君，B君，Cさん，Eさんは右心房(①)に入る。

問４　血液は，右心房→右心室→肺の順に流れるので，右心房に入るのが最も早いCさんが，最も早く肺にたどり着く。

問５　動脈と静脈の間は毛細血管でつながっている。また，肝臓などの器官にも毛細血管は張りめぐらされている。よって，心臓にたどり着く前に毛細血管を通ったのはB君とEさんである。

問６　Dさんは肺で酸素をもらったばかりの血液を見ている。太い動脈に入ったB君は体の各部に酸素を渡す前の血液を見ている。よって，B君とDさんが正答である。

問７～９　下線部(1)の血液の液体成分を血しょうという。下線部(2)の円盤形をした固形成分は酸素を運ぶはたらきをする赤血球である。下線部(3)の大きなものは白血球，小さなものは血小板である。

2　**問２**　"たね"を大きい順に並べると(ウ)ヒマワリ，(ア)アサガオ，(エ)ホウセンカ，(イ)ピーマンとなる。一般に(ア), (イ), (エ)は種子が，(ウ)は実が，"たね"と呼ばれている。

問４(2)　ペトリ皿Aの種子の中のでんぷんは発芽のために使われてしまったので青紫色にならなかった。発芽しなかったペトリ皿Bの種子の中のでんぷんは使われずそのまま残っていたので青紫色になった。

問3　不整合面QはX－Yの断層によって高さがずれているが，X－Yの断層は不整合面Pの下で終わっているから，X－Yの断層ができたのは，不整合面Qができたあと，不整合面Pができる前である。よって，（ウ）→（ア）→（イ）が正答である。

問4　不整合面は地層が地上に現れてしん食されてできる。よって，現在と不整合面Pと不整合面Qができたときの3回は陸地になっている。

問5(1)　地層ができた当時の環境を推定するのに役立つ化石を示相化石という（表Ⅰ）。　　(2)　サンゴのような炭酸カルシウムの骨格や殻をもつ生物がたい積してできる岩石を石灰岩といい，石灰岩を塩酸に入れると二酸化炭素が発生する。　　(3)　（ウ）ものが燃えるのを助ける働きがあるのは酸素である。

表Ⅰ

示相化石	推定できる環境
サンゴ	浅くあたたかい海
ホタテ	冷たい海
シジミ	湖や河口付近
アサリ	浅い海
ブナ	温帯のやや寒冷な地域

(4)　炭酸カルシウム5gが塩酸にとけたとき発生する気体が $1.25L→1250mL$ だから，この岩石1gに含まれている炭酸カルシウムは $5×\dfrac{200}{1250}=0.8(g)$ である。よって，$\dfrac{0.8}{1}×100=80(\%)$ が正答である。

問1　リトマス紙とＢＴＢ溶液の色については表Ⅱ参照。酸性の塩酸（X液）とアルカリ性の水酸化ナトリウム水溶液（Y液）を混ぜ合わせると，たがいの性質を打ち消し合う

表Ⅱ

		酸性	中性	アルカリ性
リトマス紙	青	赤	青（変化なし）	青（変化なし）
	赤	赤（変化なし）	赤（変化なし）	青
ＢＴＢ溶液		黄色	緑色	青色

中和反応が起こり，水と塩化ナトリウム（食塩）ができる。実験1で，試験管Cは色の変化がなかったから，X液とY液は $6：4=3：2$ の体積比で完全に中和して中性になるとわかる。よって，中和後にX液が余る試験管Bは黄色，Y液が余る試験管Dは青色になる。

問2　①塩酸は塩化水素という気体がとけた水溶液なので，水分を蒸発させても何も残らない。よって，試験管BとCでは塩化ナトリウムだけが残る。試験管Cの中のY液は試験管BのY液の2倍で，X液6㎤とちょうど中和しているから，試験管Bの2倍の $0.15×2=0.30(g)$ の塩化ナトリウムができる。②試験管A～Cで完全に中和するまでと，試験管CからFで完全に中和してからでは，それぞれが一定の割合で残った固体の重さが大きくなる。試験管EからFで $0.51-0.44=0.07(g)$ 大きくなっているので，試験管Dでは試験管Eより0.07g小さい（試験管Cより0.07g大きい）0.37gの固体が残る。なお，このとき残った固体は塩化ナトリウムと水酸化ナトリウムである。

問3　X液の濃さを0.25倍にした溶液12㎤は，X液 $12×0.25=3(㎤)$ 分と同じはたらきをする。問1解説の体積比より，X液3㎤を中性にするのに必要なY液は2㎤だから，Y液の濃さを2倍にした溶液を1㎤加えればよい。

問4　問3の濃さの塩酸12㎤（X液3㎤分）と問3の濃さの水酸化ナトリウム水溶液1㎤（Y液2㎤分）が中和して塩化ナトリウムが0.15gでき，問3の濃さの水酸化ナトリウム水溶液 $3.5-1=2.5(㎤)$ が残る。この中にはY液 $2.5×2=5(㎤)$ 分の水酸化ナトリウムが含まれている。実験1の試験管Fで残った固体0.51gがY液10㎤に含まれている水酸化ナトリウムだから，残った問3の濃さの水酸化ナトリウム水溶液2.5㎤（Y液5㎤分）に含まれる水酸化ナトリウムは $0.51×\dfrac{5}{10}=0.255(g)$ である。よって，残った固体の重さは，$0.15+0.255=0.405(g)$ である。

問1　季節による太陽の動きの変化は，図Ⅱ参照。太陽は，地平線から昇ったあと，南の空に向かって高く上がっていくから，（ウ）が正答である。

問2　夏至の日に日の出の位置が最も北よりになるので，（イ）が正答である。

問3　上弦の月が真南に来るのは夕方(18時頃)，月の出はお昼頃である。

問4　図Ⅱで，色がついた角が，夏至の日の太陽が南中したときの高度である。秋分の日についても同様に考えると，夏至の日の方が大きくなることがわかる。

問5　春分・秋分の日の日の出から日の入りまでの時間が約12時間なので，夏至の日は12時間よりは長くなるが，日本で昼の時間が18時間（夜の時間が6時間）になることはない。したがって，（エ）が正答である。

問6　図Ⅱより，日の出の位置が北よりになると，日の入りに位置も北よりになることがわかる。

問7　さそり座は，夏の夜，南の空に見える代表的な星座である。

図Ⅱ

春分・秋分　夏至　冬至　西　南　北　東

問8　太陽が真東から昇るのは春分・秋分の日である。春分・秋分の日であれば，岡山と沖縄での緯度の差の影響は受けず，日の出と日の入りの方位は真東と真西になる。

6　問1　棒の中心Gが机の上にあれば棒は傾かない。机の上面でOから最もはなれているのは4つの頂点である。よって，OとGは最大で50cmはなすことができる（図Ⅲ）。

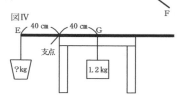

問2　てこは，左右で〔おもりの重さ×支点からの距離〕が等しいとき水平につり合う。棒の重さは点Gにかかるから，図Ⅳのように，机の左端を支点として，長さがEGのてこを考えると，支点からの距離は左右で等しいから，石とバケツと糸を合わせた重さが 1.2 kgのときにつり合う。よって，棒が傾かない石の重さは最大で1.2－0.4＝0.8(kg)である。

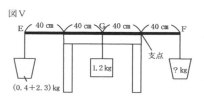

問3　図Ⅴのように，机の右端を支点として，長さがEFのてこを考えると，左に傾けるはたらきは，1.2×40＋(0.4＋2.3)×120＝372 だから，氷とバケツと糸を合わせた重さが 372÷40＝9.3(kg)のときにつり合う。よって，棒が傾かない氷の重さは最大で9.3－0.4＝8.9(kg)である。

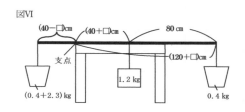

問4　図Ⅴで，机の左端を支点として，長さがEFのてこを考えると，左に傾けるはたらきは(0.4＋2.3)×40＝108，棒の重さが右に傾けるはたらきは 1.2×40＝48 である。よって，氷とバケツと糸を合わせた重さが(108－48)÷120＝0.5(kg)より小さくなると棒は左に傾くから，皿にたまった水の重さは最大で9.3－0.5＝8.8(kg)である。

問5　氷がとけるにつれて右に傾けるはたらきが小さくなるから，棒は右に動かす必要がある。机の左端を支点として，棒を右に□cm動かし，氷が全てとけたときの図を考える（図Ⅵ）。棒を右に2cm動かすと，左に傾けるはたらきは2.7×38＝102.6，右に傾けるはたらきは 1.2×42＋0.4×122＝99.2 だから，棒は左に傾く。棒を右に3cm動かすと，左に傾けるはたらきは 2.7×37＝99.9，右に傾けるはたらきは1.2×43＋0.4×123＝100.8 となり左に傾かな

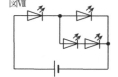

い。よって(キ)，(ク)が正答である。なお，(キ)，(ク)で，氷が全てとけたときに机の右端を支点として同様に計算すれば，棒が右にも傾かないことがわかる。

7　問1　①直列つなぎの発光ダイオードの一番右のものが逆向きなので回路に電流が流れない。②並列つなぎなので，上側の発光ダイオードは光る。③左下の発光ダイオードには電流が流れず，図Ⅶの回路と同じになり4個光る。④図Ⅷで，×がついた部分には電流が流れず，電流の流れは矢印のようになるので，光るのは色のついた3個である。

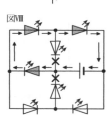

問2　エウオ間とエオ間が並列になるようにして，エからオに向かって電流が流れるようにすれば，発光ダイオードがすべて光る。よって，アとエ，イとオをつなげばよい。

問3　表の(1)〜(4)のように発光ダイオードが直列につながる場合は電流の向き（発光ダイオードの向き）によって豆電球が光ったり光らなかったりするが，表の(5)と(6)のように発光ダイオードがつながらない場合は電流の向きに関係なく豆電球は光る。

問4　(ア)〜(カ)について，豆電球が光ったかどうかをまとめると表Ⅲのようになる。よって，(イ)と(オ)が正答である。

表Ⅲ

aをつないだ先	端子f	端子g	端子f	端子h	端子g	端子h
bをつないだ先	端子g	端子f	端子h	端子f	端子h	端子g
(ア)	×	○	×	×	○	×
(イ)	×	○	○	○	○	○
(ウ)	×	○	×	×	○	×
(エ)	○	○	×	×	×	○
(オ)	×	○	○	○	○	○
(カ)	×	○	×	○	○	×

── 《解答例》 ──

1 問1．（ア）　　問2．（エ）　　問3．（イ），（エ）　　問4．（ウ）　　問5．（ウ）　　問6．（エ），（オ）

問7．（オ）　　問8．（ウ），（エ）　　問9．（ア）　　問10．（エ）

2 問1．（ア）　　問2．15　　問3．(1)20　(2)9　　問4．(1)物質A…0　物質B…30

(2)a．4　b．8　c．10　d．50　(3)物質Aのみが得られるとき…なし　物質Bのみが得られるとき…28，50

問5．（イ）

3 問1．突然ふっとうするのを防ぐため。　　問2．a．大きな　b．空気　　問3．（イ）　　問4．（イ）

問5．（ア），（オ）　　問6．結ろ　　問7．（オ）

4 1組…×　　2組…（ア）　　3組…○　　4組…（イ）　　5組…（ウ）　　6組…（ア），（ウ）　　7組…（ウ）

5 問1．(1)100　(2)下グラフ　　問2．下グラフ　　問3．下グラフ　　問4．下グラフ　　問5．下グラフ

6 問1．(1)30　(2)③　　問2．（エ）　　問3．75.7　　問4．30　　問5．60　　問6．588

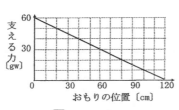

5 問1(2)のグラフ

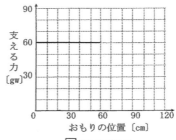

5 問2のグラフ

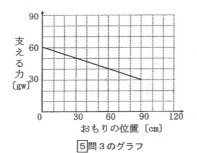

5 問3のグラフ

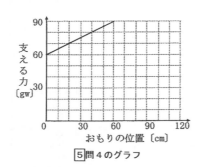

5 問4のグラフ

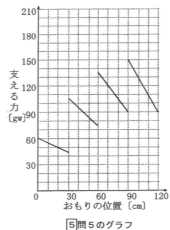

5 問5のグラフ

1 　**問1**　トウモロコシは子葉が1枚（単子葉類という）だが，その他の植物は子葉が2枚（双子葉類という）である。

　問2　チューリップは葉脈が平行だが，その他の植物の葉脈は網目状である。

　問5　コスモスの花が咲くのは秋だが，その他の植物の花が咲くのは春である。

　問6　ヘチマやカボチャなどのウリ科の植物は，雌花と雄花の2種類の花が咲く。なお，トウモロコシ，マツ，イチョウなども雌花と雄花の2種類の花が咲く。

　問8　(ア)(イ)ホウセンカは，子葉が出てから葉が出る。(オ)(カ)トウモロコシやヘチマは，花粉が雌しべにつくと実ができる。

　問9　(イ)倍率が低い方が視野が広く，観察物を見つけやすいので，倍率が低いものから用いて，観察を始める。(ウ)横から見てのせ台と対物レンズをできるだけ近づけてから，接眼レンズをのぞきながらのせ台と対物レンズを離していく。(エ)顕微鏡の倍率は，接眼レンズの倍率と対物レンズの倍率の積である。

　問10　図1の4種類の生物は左から，アオミドロ，ミジンコ，ゾウリムシ，イカダモである。

2 　**問2**　問題文より，60℃の水に溶ける物質Bの量は，水の量に比例することがわかる。水の量が20gのときに3gまで溶けたので，100gでは $3 \times \frac{100}{20} = 15$（g）まで溶ける。

　問3(1)　物質を溶けるだけ溶かした水溶液を飽和水溶液という。物質Bは80℃の水100gに25gまで溶けて，100＋25＝125（g）の飽和水溶液になる。つまり，125gの飽和水溶液には物質Bが25g溶けているので，100gの飽和水溶液には物質Bが $25 \times \frac{100}{125} = 20$（g）溶けている。　(2)　(1)より，物質Bの100gの飽和水溶液は，20gの物質Bを100－20＝80（g）の水に溶かしたものである。温度を40℃にすると物質Bが12.8g出てきたので，物質Bは40℃の水80gに20－12.8＝7.2（g）まで溶けることがわかる。したがって，40℃の水100gには $7.2 \times \frac{100}{80} = 9$（g）まで溶ける。

　問4(1)　20℃の水100gに溶ける量は，物質Aが36g，物質Bが5gである。水の量を100gの2倍の200gにすると，物質が溶ける量も2倍になるので，物質Aは72g，物質Bは10gまで溶ける。したがって，物質Aは結晶が出ず，物質Bは40－10＝30（g）の結晶が出る。　(2)　a，b．物質Aは水200gに，80℃では76g，20℃では72gまで溶ける。80℃ではすべて溶け，20℃では溶け残りができるようにするには，物質Aを76g以下で，72gより多くしなければならない。したがって，物質Bは80－76＝4（g）以上で，80－72＝8（g）より少なくすればよい。c，d．物質Bは水200gに，80℃では50g，20℃では10gまで溶ける。20℃では溶け残りができ，80℃ではすべて溶けるようにするには，物質Bを10gより多く，50g以下にしなければならない。　(3)　(2)a，bより，物質Aを72gから76gまでにすると，物質Bは100－76＝24（g）から100－72＝28（g）までになるが，物質Bは20℃の水200gに10gまでしか溶けないので，物質Aのみを得ることはできない。また，(2)c，dより，物質Bを10gから50gまでにすると，物質Aは100－50＝50（g）から100－10＝90（g）までになるが，物質Aは20℃の水200gに72gまでしか溶けないので，物質Bを100－72＝28（g）以上にしなければならない。したがって，物質Bのみを得られるのは，物質Bが28gから50gまでのときである。

3 　**問3**　水が水蒸気に変化すると体積が大きくなるため，加熱中は袋がふくらむが，加熱をやめてしばらくすると，袋の中の水蒸気が冷やされて水にもどり，体積が小さくなるので，袋はしぼむ。

　問4　水蒸気は目に見えない。白く見えたのは，水面から蒸発した水蒸気が冷やされて液体になった水である。

　問5　水の状態が気体から液体に変化するものを選べばよい。

　問6　水蒸気が水に変化することを凝結（ぎょうけつ）といい，丸底フラスコの底などの固体の表面で起こる凝結を結露という。

　問7　①雲の量が0から8の時は晴れ（0と1の時を特に快晴という），9と10の時はくもりである。②ひつじ雲によって集中豪雨が起こることはない。

　1組　(ア)(イ)三日月が南中するのは午後3時頃である。(ウ)右側が光って見える半月は午後6時頃，左側が光って見える半月は午前6時頃に南中する。

　　2組　(イ)夕方南の空に見られる半月が，朝方南の空に見られる半月になるまでの日数と，満月が新月になるまでの日数は同じである。(ウ)新月から三日月になるまでは約3日，三日月から半月になるまでは約4日である。

　　4組　(ア)太陽から地面が受ける熱が最も多くなるのは正午だが，地面の熱で空気があたためられて気温が最も高くなるのは午後2時頃である。(ウ)朝9時頃の太陽は南東にあるので，日時計のかげは北西の方向にできる。

　　5組　(ア)(イ)大きさ2mm以上の小石をれきと呼び，れきを含む岩石をれき岩という。

　　6組　(イ)マグニチュードの値が小さいほど，地震の規模は小さい。

　　7組　(ア)北斗七星はおおぐま座の一部で，北極星はこぐま座に含まれる。(イ)夏の大三角は，こと座のベガ，はくちょう座のデネブ，わし座のアルタイルを結んだものである。

5　問1(1)　おもりの重さは左右の支点に，支点からおもりまでの長さの逆比に分かれてかかる。支点がPを支える力が10gwで，Qを支える力は$60-10=50$(gw)なので，おもりまでの長さの比はP：Q$=50：10=5：1$となる。したがって，おもりの位置はPから $120×\dfrac{5}{5+1}=100$(cm)である。　　(2)　おもりの位置が0cm(左端)のときには，支点がPを支える力は60gwで，おもりが右に動くと一定の割合で小さくなっていき，おもりの位置が120cm(右端)のときには0gwになる。このグラフでは，(1)の点を通ることも確認できる。

　　問2　Pから動かしたおもりによる力は問1(2)のグラフのように小さくなっていくが，Qから動かしたおもりによる力がそれと同じだけ大きくなっていくので，おもりが衝突する60cmまで，支える力は60gwで一定になる。

　　問3　Pから動かしたおもりの速さはQから動かしたおもりの3倍なので，衝突する位置までの長さの比はP：Q$=3：1$であり，Pから $120×\dfrac{3}{3+1}=90$(cm)の位置で衝突する。この点におけるPから動かしたおもりによる力は問1(2)グラフより15gw，Qから動かしたおもりによる力は $60×\dfrac{1}{1+3}=15$(gw)であり，合計30gwの力がかかる。したがって，(0cm，60gw)の点と(90cm，30gw)の点を結ぶ直線のグラフをかけばよい。

　　問4　衝突した位置において，Pから動かしたおもりによる力は30gw，Qから動かしたおもりによる力は $120×\dfrac{1}{1+1}=60$(gw)で，合計90gwである。したがって，(0cm，60gw)の点と(60cm，90gw)の点を結ぶ直線のグラフをかけばよい。

　　問5　1個目のおもりを動かし始めた直後の力は60gwである。2個目のおもりを動かし始める直前の力は30cm右に動いた1個目のおもりによる45gwであり，2個目のおもりを動かし始めた直後の力は$45+60=105$(gw)である。3個目のおもりを動かし始める直前の力は，30cm右に動いた2個目のおもりによる45gw，60cm右に動いた1個目のおもりによる30gwの和である75gwであり，3個目のおもりを動かし始めた直後の力は$75+60=135$(gw)である。4個目のおもりを動かし始める直前の力は30cm右に動いた3個目のおもりによる45gw，60cm右に動いた2個目のおもりによる30gw，90cm右に動いた1個目のおもりによる15gwの和である90gwであり，4個目のおもりを動かし始めた直後の力は$90+60=150$(gw)である。さらに，1個目のおもりが右端にきたときの力は，30cm右に動いた4個目のおもりによる45gw，60cm右に動いた3個目のおもりによる30gw，90cm右に動いた2個目のおもりによる15gwの和である90gwである。

6　問1(1)　①の面の面積は8(cm)$×4$(cm)$=32$(cm²)なので，圧力は1cm²あたり $960÷32=30$(gw)である。　　(2)　圧力を求める式からもわかる通り，圧力は力の大きさに比例し，力が加わる部分の面積に反比例する。どの面を下にしても物体の重さ(力の大きさ)は同じなので，面積が最も小さい③を下にしたときの圧力が最も大きくなる。

　　問2　おもりの重さは2.5kg→2500gなので，吸盤に2500gw以上の力がはたらけば，おもりは落ちない。大気圧は1cm²あたり1030gwなので，吸盤の面積を $1×\dfrac{2500}{1030}=2.427…$(cm²)以上にすればよい。(ア)〜(オ)の中で，この値に最

も近くなる円の半径は(エ)の9㎜のときで，0.9(cm)×0.9(cm)×3＝2.43(㎠)となる。

問3　水銀柱の1㎤あたりの重さが 13.6g であることから，水銀柱の1㎠あたりの圧力が1㎠あたりの大気圧 1030gw と等しくなるのは，水銀柱の高さが 1030÷13.6＝75.73…→75.7㎝のときである。

問4　うすい板の面積は5×5＝25(㎠)なので，うすい板の上には水が 25×30＝750(㎤)あり，その重さは 750g である。したがって，板が水から受ける圧力の大きさは1㎠あたり 750÷25＝30(gw)である。

問5　問4より，物体が水から受ける1㎠あたりの圧力(gw)の大きさは，水深(cm)の値と等しくなることがわかる。したがって，図6のような直方体では，上の面と下の面の高さ(cm)の差が，それぞれの面が水から受ける1㎠あたりの圧力(gw)の大きさと等しくなるので，下の面が水から受ける圧力の方が1㎠あたり3gw 大きいと考えられる。したがって，面全体での差は3×(5×4)＝60(gw)である。

問6　人とたらい舟を合わせた重さが，たらい舟の下面全体が水から受ける圧力と等しくなっている。たらい舟の下面全体が水から受ける圧力は(70×70×3)×40＝588000(g)→588kgである。

平成 ㉘ 年度 解答例・解説

━━━━《解答例》━━━━

1　問1．(ア)　　問2．(イ)　　問3．(d)　　問4．(e)　　問5．(h)

2　問1．おす…(キ)　めす…(オ)　　問2．ア．精子　イ．受精　ウ．受精卵
　　問3．A．ペトリ皿〔別解〕シャーレ　B．かいぼうけんび鏡　　問4．(イ)⇒(エ)⇒(ウ)⇒(ア)⇒(オ)
　　問5．(1)ミジンコ　(2)(イ)　　問6．(1)実験1…(イ)　実験2…(ウ)
　　(2)その場にとどまろうとする性質　(3)実験2／実験3

3　問1．(イ)　　問2．A，D　　問3．食塩水…A　砂糖水…E　うすい塩酸…B
　　アンモニア水…C　水酸化ナトリウム水溶液…D　　問4．右図
　　問5．(1)黄色　(2)二酸化炭素　(3)右下グラフ　(4)石灰石の重さ…0.1　気体の体積…24

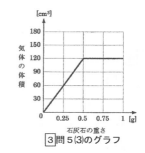

4　問1．A．窒素　B．酸素　　問2．(ア)
　　問3．びんの中の酸素の量が減ったから。(下線部は割合でも可)　　問4．イ
　　問5．(1)3.5　(2)4.08

5　問1．(ウ)，(エ)　　問2．(エ)　　問3．(オ)　　問4．(ア)
　　問5．(カ)　　問6．(エ)　　問7．(イ)　　問8．(ア)　　問9．(エ)

6　問1．空気　　問2．記号…(ア)　つなぎ方…直列つなぎ　　問3．(エ)　　問4．エ
　　問5．(ウ)　　問6．(ア)

7　問1．(1)54　(2)18　(3)右グラフ　　問2．(1)54　(2)54
　　問3．(1)66　(2)66　(3)60

3 問5(3)のグラフ

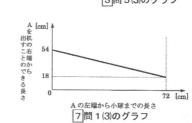

7 問1(3)のグラフ

1　問1，2．茶色のヨウ素液は，でんぷんに反応して青むらさき色に変化する。Cではでんぷんが分解されずに残っている。

問3．ダイコン汁とだ液による結果が同じだったことから，ダイコン汁にもアミラーゼが含まれていると考えられる。

問4．実験1では30℃，実験2では5℃で実験を行い，実験2では実験1で起こった変化が起こらなかったので，アミラーゼは低温でははたらかないことがわかる。

問5．実験3では40℃，実験4では70℃で実験を行い，実験3ではダイコン汁，実験4ではサツマイモ汁に含まれているアミラーゼがでんぷんを分解したと考えられる。

2　問6．(1)実験1ではメダカは目に見えるえさに反応し，実験2ではえさを含む液体(見た目ではえさとはわからない)に反応したので，実験1では光，実験2ではにおいに反応したと考えられる。　(2)実験3では流れに逆らい，実験4では周囲のもようの動きに合わせて動いたので，メダカは周囲の景色が変わらないように動くことがわかる。

(3)光がなくてもメダカが反応できる実験を選ぶ。光がなくても，においと水流はメダカが感じ取れると考えられる。

3　実験4より，Eが砂糖水とわかり，実験1，2より，Cはアンモニア水とわかるので，実験1よりBはうすい塩酸，実験2よりDは水酸化ナトリウム水溶液とわかる。残ったAは食塩水である。

問1．実験3で発生した気体は水素である。

問2．加熱して水を蒸発させると白い固体が残るとき，固体が水にとけている。その固体を加熱しても変化しないのは，水酸化ナトリウムと食塩である。

問4．ろ過では，ろ液がとびちらないように，ビーカーからの液体はガラス棒を伝わらせるようにしてろうとに注ぐ。また，ろうとの先のとがった方をビーカーのかべにつける。

問5．(1)うすい塩酸が残っているときは，発生する気体(二酸化炭素)の体積は加えた石灰石の重さに比例する。石灰石0.25gで60㎤，石灰石1gで120㎤の気体が発生したことに着目する。この間に石灰石が4倍，発生した気体の体積が2倍になっているので，石灰石0.25gのときはうすい塩酸が残っていたが，石灰石1gのときはうすい塩酸がなくなったことがわかる。したがって，石灰石0.25gを加えた水溶液にBTB溶液を入れると黄色になる。　(4)(3)のグラフより，うすい塩酸100㎤と石灰石0.5gがちょうど反応することがわかるので，塩酸の量を20㎤にすると，石灰石を $0.5 \times \dfrac{20}{100} = 0.1$（g）まで溶かすことができる。このとき発生する気体の体積は $120 \times \dfrac{0.1}{0.5} = 24$（㎤）となる。

4　問2．加熱すると気体は軽くなって上から出ていき，下から新しい空気が入ることで，ものは燃え続ける。

問4．割りばしを燃やすときに酸素が使われて，二酸化炭素が発生するため，集気びんの中の気体に含まれる二酸化炭素の割合が増える。また，スチールウールを燃やすときに酸素が使われて減り，集気びんの中のその他の気体は増減しないので，酸素が減った分集気びんの中の気体に含まれる二酸化炭素の割合が増える。

問5．(1)表1より，スチールウールを燃やした後の重さはスチールウールの重さに比例していることがわかる。したがって，$2.5 \times 1.4 = 3.5$（g）となる。　(2)表2より，発生した気体の体積はスチールウールの重さの1.4倍になっている。120㎤の気体が発生したのはスチールウール $0.5 \times \dfrac{120}{200} = 0.3$（g）が反応したからである。したがって，燃えたスチールウールは $3 - 0.3 = 2.7$（g）であり，これを燃やすと $1.4 \times 2.7 = 3.78$（g）になることから，残ったスチールウールと合わせて $3.78 + 0.3 = 4.08$（g）となる。

5　問3．三日月のときに月から地球を見ると，円形に近い形で光って見える。満月のときに明るい光が地球を照らすように，三日月は地球からの光を受けるので，地球から三日月を見るとかげになっている部分がうすく光る。

問5．地球から見る月の光る部分と，月から見る地球の光る部分は反対になる。

問8．月食は，太陽，地球，月の順に一直線に並び，地球の影が月にかかって月が暗くなる現象である。したがって，

月食は満月のときに観測できることがある。

問9．月から見て，地球は新月のようになるから見えない。また，太陽からの光は地球によってさえぎられるため見えない。

6 問2．検流計ははかりたい部分に直列につなぐ。

問4．コイルに電流を流してできる電磁石の向きは，電流の向きを右手の親指以外の4本の指の向きに合わせてコイルを軽くにぎるときに伸ばした親指の向きである。図5では，コイルの左側がS極になるので，電磁石は棒磁石のN極に引き寄せられてエの方向に動く。

問5．電磁石を強くする方法は，コイルに流れる電流を大きくする，コイルの巻き数を増やす，コイルに鉄しんを入れる，の3つを覚えておこう。また，棒磁石を強くしてもコーン紙の振動は大きくなる。

問6．コイルに流れる電流の向きと大きさが一定だと，電磁石の強さや極が変化しないので，コイルは振動せず，音は出ない。

7 問1．(1)てこでは〔かかる力(g)×支点からの距離〕が左右で等しくなるときにつり合う。この問題では，全体の重さがかかる位置を机の右端まで動かすことができる。小球の重さ 500 g が板の左端(左から 0 cm)，板の重さ 500 g が中央(左から 36 cm)にかかるので，それらの位置の真ん中(左から 18 cm)に 500×2＝1000(g)の重さがかかる。したがって，板は机の右端から 72－18＝54(cm)まで出せる。　(2)(1)と同様に考えると，1000 g が板の右端から 18 cmの位置にかかり，板は机の右端から 18 cmまで出せる。　(3)(1)と(2)で求めた2点をとり，直線で結ぶ。

問2．(1)Bの右端はAの右端から 36 cmまで出せる。そのときBの重さはAの右端，Aの重さはAの中央(Aの右端から 36 cm)にかかるので，2本の板の重さはAの右端から 18 cmの位置にかかる。この位置を机の右端まで出せるので，Bの右端は机の右端から 18＋36＝54(cm)まで出せる。　(2)Bの重さがAの左端にかかるようにすると，2本の板の重さはAの右端から 36＋18＝54(cm)にかかる。したがって，Aの右端は机の右端から 54 cmまで出せる。

問3．(1)Cの右端はBの右端から 36 cm出せる。そのとき，BとCの重さがかかる位置の真ん中(Bの右端から 18 cm)までBの右端をAの右端から出せる。Aの右端にBとCの重さ(1000 g)，Aの中央にAの重さ(500 g)がかかる。3枚の板の重さはAの中央から右端までをその重さの逆の比に分ける位置にかかるので，右端から $36×\frac{1}{1+2}＝12$(cm)にかかる。したがって，Aの板は机の右端から 12 cm出すことができ，Cの右端は，机の右端から 36＋18＋12＝66(cm)出せる。　(2)Cの重さがBの左端にかかるようにすると，Bの右端はAの右端から 36＋18＝54(cm)出せる。(1)と同様にAはあと 12 cm右に出せるので，54＋12＝66(cm)となる。　(3)BとCの重さ(合計 1000 g)がAの左端にかかるようにすると，Aの重さ(500 g)は中央(左端から 36 cm)にかかるので，3枚の板の重さはAの左端から中央まで(36 cm)を 1：2に分ける位置(左端から 12 cmの位置)にかかり，Aの右端は机の右端から 72－12＝60(cm)まで出すことができる。

平成 27 年度 解答例・解説

═══《解答例》═══

1 問1．(ア)エタノール　(イ)ヨウ素液　問2．デンプン　問3．(ウ)水　(エ)養分　問4．**次ページ図**

2 問1．ウ　問2．2番目…オ　4番目…イ　問3．イ　問4．イ，カ
問5．(1)A．たいばん　B．へそのお　C．羊水　(2)①ウ　②58　問6．呼吸〔別解〕息

3 問1．**次ページ図**　問2．c→b→a　問3．北　問4．③，⑤　問5．オ　問6．れき岩
問7．イ，ウ　問8．ア　問9．ウ，エ，オ　問10．イ　問11．(1)X　(2)ウ　(3)①X　②X　③Y

4 問1．(1)ア　(2)ウ　(3)エ　(4)ウ　問2．(1)水素　(2)ウ　(3)ア，イ　問3．ウ　問4．鉄／銅　問5．80

問6．30　　問7．下グラフ

5　問1．波源…手　振動を伝えるもの…ロープ　　問2．下図　　問3．④　　問4．5　　問5．80　　問6．ア

6　問1．60　　問2．エ　　問3．250　　問4．300　　問5．400　　問6．イ

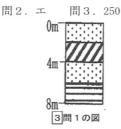

1問4の図

3問1の図

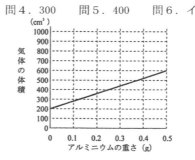

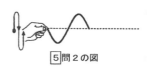

5問2の図

─────────────────《解　説》─────────────────

1　問4．でんぷんは葉の緑色の部分に日光があたることでつくられる。

2　問1．卵の大きさは0.14mmくらいで，精子はそれよりもさらに小さい。　　問2．(ア)→(オ)→(ウ)→(イ)→(カ)→(エ)
問3．受精して約38週で子どもが誕生する。　　問4．親と同じ姿で母親から生まれてくる生まれ方を胎生といい，ヒ
トやイルカ，ウサギなどのホニュウ類はふつう胎生である。　　問5．(2)②Aで酸素を離したヘモグロビンはヘモグロ
ビン全体の 95−40＝55(%)であり，これは肺で酸素と結合したヘモグロビン 95%の $\frac{55}{95}×100＝57.8…→58\%$ にあたる。

3　問1〜3．図2のボーリング調査の結果を地表からの標高にそろえて考える(右図
Ⅰ，Ⅱ参照)。火山灰の層に着目すると，AとBからは東西に傾きがないこと，BとCか
らは南から北に向かって低くなるように傾いていることがわかる。したがって，Xの層
の重なり方は右図Ⅲのようになると考えられる。また，Xでa〜cの層の高さを比べる
と，下にある層ほど古い時代に堆積したものであるので，c→b→aの順に堆積したこ
とがわかる。　　問4．bの層の厚さは2mであるので，Bの少し東の⑤とCの少し西
の③では地表にbの層が表れている。なお，①と②では地表にaの層が，④ではcかその
下のれき岩の層が表れている。　　問6．れき岩(粒の直径2mm以上)，砂岩(粒の直径
0.06mm〜2mm)，泥岩(粒の直径 0.06mm以下)は，粒の大きさで区別されている。なお，
これらの岩石に見られる粒は，川を流れてくる間に川底や他の石とぶつかるなどして角
がとれ，丸みをおびている。　　問7．(ア)足跡も化石である。(エ)恐竜の化石は日本各
地で発見されている。(オ)シジミは海水と淡水が混ざり合うところ(河口付近など)に多
く生息する。　　問9．(ア)(イ)断層は横にも上下にもずれることがある。(カ)近畿地方
や中国地方，四国地方には活火山がほとんどないが，九州地方には活火山が多く，雲仙
岳，阿蘇山，桜島などは最近の30年間で噴火している。　　問10．(ア)と(エ)は上流域，
(ウ)は下流域のようすである。　　問 11．図4の川の曲がり方と川原のでき方から，図の
上の方が上流だとわかる。曲がった部分の外側(X)の方が流れが速く，流れが速いほど
しん食作用と運搬作用が強くなり，川底が大きくけずられる。

4　塩酸はアルミニウムと鉄を，水酸化ナトリウム水溶液はアルミニウムを溶かし，この
とき水素が発生する。したがって，Bにそれぞれの水溶液を加えたときの結果から，Bが鉄と銅を混ぜたものである
こと，0.1gの鉄がすべて反応すると気体が 40cm³発生することがわかる。また，AとCに塩酸を加えたときに発生し
た気体の体積がCの方が 40cm³大きいことから，Cがアルミニウムと鉄を混ぜたものであり，Aがアルミニウムと銅を

混ぜたものであること，0.1gのアルミニウムがすべて反応すると気体が120㎤発生することがわかる。　問2．(2)水素は水に溶けにくいので，(ウ)の水上置換法で集める。(3)(ウ)水素には色やにおいがない。(エ)大気中に最も多く含まれる気体はちっ素である。(オ)石灰水に通すと白くにごるのは二酸化炭素である。　問3．発生する気体の体積は反応する水溶液と金属の量によって決まっている。また，粉にすることで水溶液と金属がふれる面積が大きくなるので，反応が速く進む。　問5．0.1gの鉄を溶かすのに必要な塩酸は8㎤で，40㎤の気体が発生する。したがって，0.1gの2倍の0.2gの鉄を溶かすには$8 \times 2 = 16$(㎤)の塩酸が必要であり，$40 \times 2 = 80$(㎤)の気体が発生する。なお，このとき塩酸は$40 - 16 = 24$(㎤)残っている。　問6．0.25倍にうすめた塩酸30㎤はもとの濃さの塩酸$30 \times 0.25 = 7.5$(㎤)と同じだけアルミニウムを溶かす。0.1gのアルミニウムを溶かすのに必要なもとの濃さの塩酸は24㎤で，120㎤の気体が発生する。0.025gのアルミニウムを溶かすのに必要なもとの濃さの塩酸は$24 \times \dfrac{0.025}{0.1} = 6$(㎤)であり，$120 \times \dfrac{0.025}{0.1} = 30$(㎤)の気体が発生する。　問7．アルミニウムが0g（鉄が0.5g）のときには$40 \times \dfrac{0.5}{0.1} = 200$(㎤)，アルミニウムが0.5g（鉄が0g）のときには$120 \times \dfrac{0.5}{0.1} = 600$(㎤)の気体が発生するので，この2点を結ぶ直線のグラフをかけばよい。

5　問2．はじめに上に持ち上げたので，上にできた波が先に反対側の端に伝わる。　問3．赤い印はロープにつけられているので，この印が左右に動くことはなく，次に来る波に合わせて上下にだけ動く。図2では次に来る波は下にできた波であるので，印は④の向きに動く。　問4．1回目→2回目→3回目→4回目→5回目　問5．波の進んだ距離は円の半径で考える。図4より，1回目の波（外側の円）は1秒間で80㎝進んでいることがわかる。　問6．1.5秒間で水面を4回たたくが，4回目はたたいたしゅん間であるため，1.5秒後の水面には3つの円が見られる。一番大きな円の中心は水槽の中央，次に大きな円の中心は水槽の中央よりも20㎝右の位置，一番小さな円の中心は水槽の中央よりも40㎝右の位置になる。

6　板全体の重さ(200g)がかかる点（重心）は図Ⅱの2つの重さがかかる点の中央だから，Oから左に5㎝の位置である。　問1．てこでは〔加わる重さ×支点からの距離〕が支点の左右で等しくなるときにつり合う。このときのおもりの支点からの水平距離を□㎝とすると，$200 \times 5 = 100 \times$□より，□$= 10$(㎝)となる。板を60°折り曲げているので，おもりが斜面を動いた距離は$10 \times 2 = 20$(㎝)であり，AO間(40㎝)と合わせて$40 + 20 = 60$(㎝)が正答となる。

問3．求めるおもりの重さを□gとすると，$100 \times 40 + 200 \times 5 =$□$\times 20$より，□$= 250$(g)となる。　問4．溝の位置が支点となるので，求めるおもりの重さを□gとすると，$200 \times 15 =$□$\times 10$より，□$= 300$(g)となる。　問5．図6では，AOBの重さはAとA'に分かれてかかる。AOBの重さ(200g)はOから5㎝の位置にかかるので，A'にかかる重さは$200 \times \dfrac{35}{35 + 5} = 175$(g)となる。したがって，O'を支点とするてこでは，求めるおもりの重さを□gとすると，$175 \times 40 + 200 \times 5 =$□$\times 20$より，□$= 400$(g)となる。　問6．AOBの重心はO（支点）から左に5㎝の位置にあるので，A'O'B'の重心がOから右に5㎝の位置よりも右側にくれば，AとA'が上がり始める。したがって，(イ)が正答となる。

平成 26 年度 解答例・解説

=《解答例》=

1　問1．(ア)　問2．(1)子葉　(2)(ア)　問3．(ウ)，(オ)〔別解〕(エ)，(オ)

2　問1．(ア)，(ウ)　問2．イ　問3．(オ)　問4．(ア)，(イ)

　　問5．(1)(ア)…3.8　(イ)…13.9　(ウ)…1.6　(2)時期…1齢幼虫　理由…(ウ)，(エ)

3　問1．(ウ)　問2．(オ)　問3．観天望気　問4．集中ごう雨〔別解〕ゲリラごう雨

問5．A．熱中症　B．水分補給　　問6．アメダス〔別解〕地域気象観測システム

問7．記号…(エ)　夜…熱帯夜　　問8．記号…(ウ)　日…もう暑日　　問9．上昇…(ウ)　低下…(オ)

問10．(ウ)　　問11．空気は日光であたためられた地面によってあたためられるから。

4　問1．(1)B　(2)(イ)　　問2．A，C，G　　問3．①，⑤　　問4．(1)(ウ)　(2)(エ)　(3)(イ)　　問5．青色

問6．0.10　　問7．64

5　問1．青…4　赤…2　緑…3　　問2．I　　問3．エ　　問4．イ，カ　　問5．I

6　問1．150　　問2．50　　問3．50　　問4．(1)250　(2)下グラフ　　問5．200　　問6．(1)1　(2)下グラフ

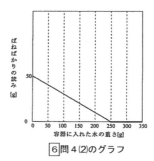

6 問4(2)のグラフ

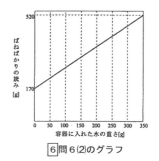

6 問6(2)のグラフ

―――――――――――――――――《解　説》―――――――――――――――――

1　問3．実験2から(ウ)がわかる。また，実験3から(エ)と(オ)がわかるが，(ウ)と(エ)を同時に選ぶと内容に矛盾が生じることから，正答例のようにした。

2　問1．(ア)昆虫の体は頭部，胸部，腹部からできている。(ウ)モンシロチョウの卵は，アブラナやキャベツなどのアブラナ科の葉に産みつけられて，卵のからを食べた後はそれらの葉を食べる。　問2．図で，体の下に見える右の3本が胸部についている足なので，胸部に近いイの方が頭である。　問3．モンシロチョウは春にさなぎから羽化し，秋にさなぎになったものはそのまま冬をこす。　問5．(1)〔1日あたりの死んだ数＝死んだ数÷期間(日)〕で求めることができる。(ア)14÷3.7＝3.78…→3.8　(イ)39÷2.8＝13.92…→13.9　(ウ)7÷4.3＝1.62…→1.6　(2).(1)より，1日あたりの死んだ数が約13.9である1齢幼虫が最も多い。このうち，おぼれて死ぬ(ウ)が約22.5％，他の生物に食べられて死ぬ(エ)が約25％と高い割合になっていることがわかる。

3　問7．最低気温を観測した5時56分の4分後である6時の気温が27.3℃であることから，これよりも低いがほとんど同じである27.2℃が最も近いと考えられる。　問8．表の中で最も高い気温となったのが14時であることから，その前後で最高気温が観測されたと考えられる。　問9．8時〜10時では4.5℃上昇し，16時〜18時では3.5℃低下している。　問10．湿度とは，空気中にふくまれる水蒸気の割合のことである。気温が高くなると空気中にふくむことのできる水蒸気の量は多くなるが，実際に空気中にふくまれている水蒸気の量が大きく変化しなければ，水蒸気がふくまれる割合(湿度)は低下する。

4　問1．においがあり，赤色リトマス紙を青色に変える(アルカリ性である)Bがアンモニア水である。　問2．においがあり，青色リトマス紙を赤色に変える(酸性である)Aは塩酸か食酢のどちらかであり，Eは炭酸水だとわかる。リトマス紙の色を変えなかった(中性である)DとFのうち，加熱して水を蒸発させることで白い粉が残ったFは食塩水で，黒いかたまりが残ったDは砂糖水だとわかる。CとGはアルカリ性で白い粉が残ったので，石灰水か水酸化ナトリウム水溶液のどちらかである。　問3．①窓を開け，換気をよくする。⑤安全めがねは使用する。

問4．(1)(ウ)ふたをななめ上からすばやくかぶせる。(2)(エ)試験管を軽く振りながら加熱する。(3)(イ)液体の体積を正確にはかるにはメスシリンダーを使う。　問5．X液20cm³とY液30cm³で中性になるので，X液30cm³を中性にする

には $30\,\text{cm}^3 \times \dfrac{30\,\text{cm}^3}{20\,\text{cm}^3} = 45\,\text{cm}^3$ のＹ液が必要である。したがって，実験６では $50\,\text{cm}^3 - 45\,\text{cm}^3 = 5\,\text{cm}^3$ のＹ液が残り，混合後の水溶液はアルカリ性になるので，ＢＴＢ溶液を加えると青色になる。　問６．塩酸と水酸化ナトリウム水溶液を混ぜ合わせると，たがいの性質を打ち消し合う中和が起こり，このとき水と塩化ナトリウム(食塩)ができる。実験５でＹ液 $30\,\text{cm}^3$ が反応すると $0.50\,\text{g}$ の固体(すべて塩化ナトリウム)ができることから，実験６でＹ液 $45\,\text{cm}^3$ が反応すると $0.50\,\text{g} \times \dfrac{45\,\text{cm}^3}{30\,\text{cm}^3} = 0.75\,\text{g}$ の塩化ナトリウムができる。実験６で加熱後に残った固体(塩化ナトリウムと水酸化ナトリウムが混ざったもの)は $0.80\,\text{g}$ なので，このうち $0.80\,\text{g} - 0.75\,\text{g} = 0.05\,\text{g}$ が水酸化ナトリウムだとわかり(体積は $50\,\text{cm}^3 - 45\,\text{cm}^3 = 5\,\text{cm}^3$)，Ｙ液 $10\,\text{cm}^3$ には $0.05\,\text{g} \times \dfrac{10\,\text{cm}^3}{5\,\text{cm}^3} = 0.10\,\text{g}$ の水酸化ナトリウムが溶けていることになる。

問７．混合後の水溶液がアルカリ性になったことから，Ｘ液がすべて反応して $0.90\,\text{g}$ の塩化ナトリウムが生じたことがわかる。$0.90\,\text{g}$ の塩化ナトリウムが生じるにはＸ液が $20\,\text{cm}^3 \times \dfrac{0.90\,\text{g}}{0.50\,\text{g}} = 36\,\text{cm}^3$ 必要であることから，Ｙ液の体積は $100\,\text{cm}^3 - 36\,\text{cm}^3 = 64\,\text{cm}^3$ だとわかる。

5 　問１．それぞれの回路で，乾電池の＋極と発光ダイオードの＋極がつながっているかを調べればよい。発光ダイオードが直列つなぎになっているときは，１つでも向きが逆になっていると向きが正しいものも点灯しない。①すべて点灯しない。②ではＥ(青)とＦ(緑)が点灯する。③ではＨ(緑)とＩ(青)が点灯する。④ではＪ(緑)が点灯する。⑤ではＯ(赤)とＰ(青)が点灯する。⑥ではＲ(赤)とＳ(青)が点灯する。　問２〜４．１個の乾電池の電流を流すはたらき(電圧)を①，発光ダイオードの電流の流れにくさ(抵抗)を 1，豆電球の抵抗を 2 とすると，豆電球や発光ダイオードに流れる電流の大きさは〔電圧÷抵抗〕で求めることができる。②のイとＦとＥには $① ÷ 4 = 0.25$，③のウとＨには $① ÷ 3 = 0.33\cdots$，Ｉには $① ÷ 1 = 1$，④のエとＪには $② ÷ 3 = 0.66\cdots$，⑤のオとＯとＰには $② ÷ 4 = 0.5$，⑥のカとＲとＳには $① ÷ 4 = 0.25$ の電流が流れる。以上のことから，最も明るい(最も大きな電流が流れる)発光ダイオードはＩ，最も明るい豆電球はエ，最も暗い豆電球はイとカだとわかる。　問５．豆電球と並列つなぎになっているＩが正答となる。

6 　問１．支点の左右で重さがかかる点から支点までの距離と重さの積が等しくなるとき，棒は水平につりあう。$100\,\text{g}$ の棒の重さは棒の中心(支点から $15\,\text{cm}$)にかかるので，容器の重さを□gとすると，$10\,\text{cm} \times □\,\text{g} = 15\,\text{cm} \times 100\,\text{g}$ より，$□\,\text{g} = 150\,\text{g}$ となる。　問２．Ｂにつるすおもりの重さを□gとすると，$10\,\text{cm} \times (\underset{\text{容器の重さ}}{150\,\text{g}} + \underset{\text{水の重さ}}{200\,\text{g}}) = 15\,\text{cm} \times 100\,\text{g} + 40\,\text{cm} \times □\,\text{g}$ より，$□\,\text{g} = 50\,\text{g}$ となる。　問３．ばねばかりと容器は棒を反時計回りに回転させるはたらきがあることに注意する。ばねばかり①の読みを□gとすると，$5\,\text{cm} \times 150\,\text{g} + 25\,\text{cm} \times □\,\text{g} = 20\,\text{cm} \times 100\,\text{g}$ より，$□\,\text{g} = 50\,\text{g}$ となる。　問４．(1)ばねばかり①の読みが $0\,\text{g}$ になった後，棒が傾き始める。容器内の水の重さを□gとすると，$5\,\text{cm} \times (150\,\text{g} + □\,\text{g}) + 25\,\text{cm} \times 0\,\text{g} = 20\,\text{cm} \times 100\,\text{g}$ より，$□\,\text{g} = 250\,\text{g}$ となる。(2)水の重さが $0\,\text{g}$ のときのばねばかり①の読みは $50\,\text{g}$ であり，水の重さが大きくなると一定の割合でばねばかり①の読みは小さくなっていき，水の重さが $250\,\text{g}$ になるとばねばかり①の読みは $0\,\text{g}$ になる。　問５．それぞれのばねばかりにかかる棒の重さの比は，棒の中心からの距離の比と逆になるので，ばねばかり②には $100\,\text{g} \times \dfrac{5\,\text{cm}}{20\,\text{cm} + 5\,\text{cm}} = 20\,\text{g}$ の重さがかかる。また，容器については，ばねばかり①を支点として，ばねばかり②で持ち上げていると考えられるので，$150\,\text{g} \times \dfrac{30\,\text{cm}}{25\,\text{cm}} = 180\,\text{g}$ の重さがかかる。したがって，ばねばかり②の読みは $20\,\text{g} + 180\,\text{g} = 200\,\text{g}$ となる。　問６．(1)ばねばかり②を支点として，容器と水の重さが棒を反時計回りに回転させるはたらきと，棒の重さが棒を時計回りに回転させるはたらきを比べたとき，容器と水の重さによるはたらきの方が大きいと，棒は水平につりあわなくなる。ばねばかり②(支点)から容器をつるす糸の位置までの距離を□cmとすると，$□\,\text{cm} \times 500\,\text{g} = 20\,\text{cm} \times 100\,\text{g}$ より，$□\,\text{cm} = 4\,\text{cm}$ となる。したがって，Ａから $5\,\text{cm} - 4\,\text{cm} = 1\,\text{cm}$ 以上動かせばよい。(2)容器がばねばかり②の真下にあるとき，容器や容器に入れた水の重さはすべてばねばかり②にかかる。したがって，水の重さが $0\,\text{g}$ のときにはばねばかり②の読みは $170\,\text{g}$(棒の重さ $20\,\text{g}$ と容器の重さ $150\,\text{g}$)になり，入れた水の重さと同じだけばねばかり②の読みは大きくなり，水の重さが $350\,\text{g}$ のときには $170\,\text{g} + 350\,\text{g} = 520\,\text{g}$ になる。

■ ご使用にあたってのお願い・ご注意

（１）問題文等の非掲載

　著作権上の都合により，問題文や図表などの一部を掲載できない場合があります。

　誠に申し訳ございませんが，ご了承くださいますようお願いいたします。

（２）過去問における時事性

　過去問題集は，学習指導要領の改訂や社会状況の変化，新たな発見などにより，現在とは異なる表記や解説になっている場合があります。過去問の特性上，出題当時のままで出版していますので，あらかじめご了承ください。

（３）配点

　学校等から配点が公表されている場合は，記載しています。公表されていない場合は，記載していません。

　独自の予想配点は，出題者の意図と異なる場合があり，お客様が学習するうえで誤った判断をしてしまう恐れがあるため記載していません。

（４）無断複製等の禁止

　購入された個人のお客様が，ご家庭でご自身またはご家族の学習のためにコピーをすることは可能ですが，それ以外の目的でコピー，スキャン，転載（ブログ，ＳＮＳなどでの公開を含みます）などをすることは法律により禁止されています。学校や学習塾などで，児童生徒のためにコピーをして使用することも法律により禁止されています。

　ご不明な点や，違法な疑いのある行為を確認された場合は，弊社までご連絡ください。

（５）けがに注意

　この問題集は針を外して使用します。針を外すときは，けがをしないように注意してください。また，表紙カバーや問題用紙の端で手指を傷つけないように十分注意してください。

（６）正誤

　制作には万全を期しておりますが，万が一誤りなどがございましたら，弊社までご連絡ください。

　なお，誤りが判明した場合は，弊社ウェブサイトの「ご購入者様のページ」に掲載しておりますので，そちらもご確認ください。

■ お問い合わせ

　解答例，解説，印刷，製本など，問題集発行におけるすべての責任は弊社にあります。

　ご不明な点がございましたら，弊社ウェブサイトの「お問い合わせ」フォームよりご連絡ください。迅速に対応いたしますが，営業日の都合で回答に数日を要する場合があります。

　ご入力いただいたメールアドレス宛に自動返信メールをお送りしています。自動返信メールが届かない場合は，「よくある質問」の「メールの問い合わせに対し返信がありません。」の項目をご確認ください。

　また弊社営業日（平日）は，午前９時から午後５時まで，電話でのお問い合わせも受け付けています。

2025 春

株式会社教英出版

〒422-8054　静岡県静岡市駿河区南安倍３丁目 12-28

TEL　054-288-2131　　FAX　054-288-2133

URL　https://kyoei-syuppan.net/

MAIL　siteform@kyoei-syuppan.net

教英出版　2025　22 の 1　岡山白陵中７年分

令和2年度

岡山白陵中学校入学試験問題

算　　数

受験番号	

注　意　1.　時間は60分で100点満点です。
　　　　2.　問題用紙と解答用紙の両方に受験番号を記入しなさい。
　　　　3.　開始の合図があったら，まず問題が1ページから11ページ
　　　　　　まで，順になっているかどうかを確かめなさい。
　　　　4.　解答は解答用紙の決められたところに書きなさい。
　　　　5.　特に指示のない問いは，考え方や途中の式も書きなさい。

K教英出版

1

次の各問いに答えなさい。（**解答用紙には，答えのみを書きなさい。**）

（1） 次の計算をしなさい。

$$\left\{ \frac{16}{3} - \left(2 - \frac{2}{5} \div 0.6 \right) \right\} \times 73 \div \left(\frac{1}{50} - \frac{1}{150} \right)$$

（2） 次の式の□に当てはまる数を求めなさい。

$$\frac{11}{3} \div 2.5 - 5 \div (\square + 6) = \frac{2}{3}$$

（3） 1から6までの6つの整数の中から1つの数を選び，7から12までの6つの整数の中から1つの数を選びます。選んだ2つの数をかけたものが偶数になるような2つの数の選び方は何通りありますか。

（4） 8%の食塩水560gに3%の食塩水240gを混ぜると何%の食塩水ができますか。

（5）　ある算数のテストをした結果，1組と2組の平均点は81点，1組と3組の平均点は78点，2組と3組の平均点は77点でした。1組，2組，3組の各クラスの人数は30人とするとき，1組の平均点を求めなさい。

（6）　点Pを中心とする半径3cmの円と点Qを中心とする半径3cmの円について，下の図の斜線部分の面積を求めなさい。ただし，円周率は3.14とします。

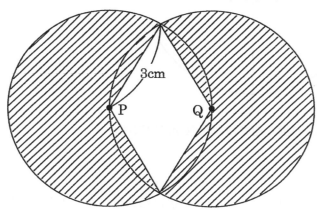

（7）　何個かの玉があり，左右に2つの空の箱があります。左の箱に1個，右の箱に2個，左の箱に3個，右の箱に4個，左の箱に5個，右の箱に6個，・・・のように玉を入れていきます。一番最後に右の箱に玉を入れると1個余り，左の箱に入った玉の数より右の箱に入った玉の数の方が7個多くなりました。はじめに玉は何個ありましたか。

2 次の［Ⅰ］，［Ⅱ］の各問いに答えなさい。**(解答用紙には，答えのみを書きなさい。)**

［Ⅰ］下の図のようにPを中心とする1周が480mの円形の道上に地点X，Yがあります。地点XからAさんが，地点YからBさんが一定の速さで同時に時計回りに歩き始めます。Aさんは毎分75mの速さで歩いたところ，12分後にBさんに初めて追いつきました。このとき，次の各問いに答えなさい。

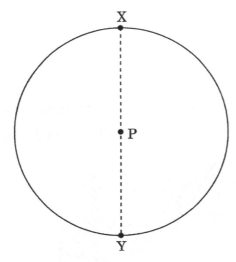

（1）　Bさんの歩く速さは毎分何mですか。

（2）　AさんがBさんに3回目に追いついたとき，Bさんは歩き始めてから何m歩いていましたか。

［Ⅱ］下の図の ● 印は，正方形の各辺を三等分する点として，次の各問いに答えなさい。

（1） 下の図で斜線部分と，斜線が引かれていない部分の面積比を求めなさい。

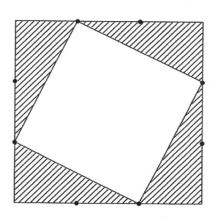

（2） 下の図の斜線部分の面積を求めなさい。

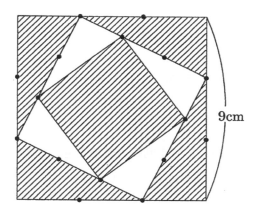

9cm

3 下の図は，AB=3cm，BC=4cm，CA=5cm，∠ABC=90°の三角形 ABC を底面とする高さが 3cm である三角柱から，図のように 1 辺の長さが 1cm の立方体を切り取ってできた立体です。次の各問いに答えなさい。

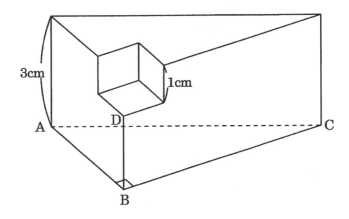

（1） この立体の表面積を求めなさい。

（2） この立体の体積を求めなさい。

（3） この立体を辺 BD を軸として 1 回転させるとき，立体の通過する部分の体積を求めなさい。ただし，円周率は 3.14 とします。

令和2年度

岡山白陵中学校入学試験問題

理　科

| 受験番号 |　 |

注　意　1.　時間は60分で100点満点です。
　　　　2.　問題用紙と解答用紙の両方に受験番号を記入しなさい。
　　　　3.　開始の合図があったら，まず問題が1ページから21ページ
　　　　　　まで，順になっているかどうかを確かめなさい。
　　　　4.　解答は解答用紙の決められたところに書きなさい。

次のⅠ，Ⅱの文を読み，後の問いに答えなさい。

Ⅰ． 環境問題がよく話題になっています。そこで，太郎くんと花子さんは，科学クラブの活動として，Ｙ川の上流から下流までの調査を行いました。その後，下水処理場に見学に行きました。

　下の図は，下水処理場で水をきれいにする過程を表した図です。反応槽の水を顕微鏡で観察すると，たくさんの小さな生き物(以下，微生物という)が動いている様子が見られました。同様に，塩素接触槽を通った後，放流した水を観察すると，微生物はほとんど見られませんでした。

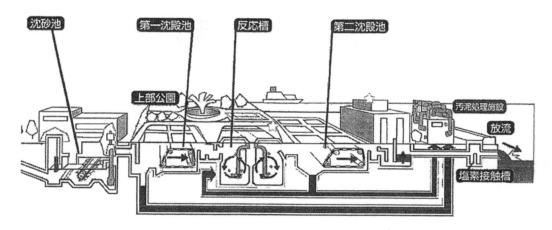

（東京都下水道局ホームページより引用・改変）

問1　調査の行い方として，適当なものを次の(ア)～(オ)からすべて選び，記号で答えなさい。

　　(ア) 服装は，半そでシャツ・半ズボンを着用する。

　　(イ) 小学生だけで調査を行わず，必ず大人と一緒に調査を行う。

　　(ウ) 調査を行う日の天気や気温などを記録しない。

　　(エ) 調査を行うに当たって許可が必要な地域に，無断で入らない。

　　(オ) 調査の目的は，結果が出た後で考える。

問2　Ｙ川の上流で水をくみ取り，一度沸とうさせ，冷ました後，そこにBTB溶液を加えたところ，緑色でした。その後，水の色が黄色になるまで息を吹きこみました。次に，その水を2本のびんに分け，それぞれに水草を入れて密閉した後，光の当たる場所と光の当たらない場所に1日置きました。水の色はそれぞれどう変化しましたか。次の(ア)～(キ)から正しいものをすべて選び，記号で答えなさい。

（ア）水の色は両方とも変化しなかった。

（イ）光を当てなかった方の水の色は，緑色に変化した。

（ウ）光を当てた方の水の色は，緑色に変化した。

（エ）光を当てなかった方の水の色は，青色に変化した。

（オ）光を当てた方の水の色は，青色に変化した。

（カ）光を当てなかった方の水の色は，黄色のまま変化しなかった。

（キ）光を当てた方の水の色は，黄色のまま変化しなかった。

問3　Y川の下流で水をくみ取り，2本の試験管(A)，(B)に入れました。試験管(A)は一度沸とうさせた後，冷まし，試験管(B)は沸とうさせませんでした。それぞれの試験管にBTB溶液を加えたところ，どちらも緑色でした。しばらく置くと，試験管(A)では，色が変わりませんでしたが，試験管(B)では，わずかに黄色になりました。また，試験管(A)と試験管(B)の水をスポイトでスライドガラスにとり，カバーガラスをかけて顕微鏡で観察すると，試験管(B)から取った水にだけ，ゾウリムシなど多数の微生物が見られました。試験管(B)の水の色は，なぜ黄色になったと考えられますか。理由を説明した，次の文中の空欄（　①　），（　②　）に適切な語句を入れなさい

　　説明：微生物の（　①　）により，（　②　）が出たから。

問4　下水処理場の反応槽においては，たくさんの空気を水中に送り込んでいます。空気を送り込むのは，微生物に何を与えるためですか。最も適当なものを次の(ア)～(エ)から1つ選び，記号で答えなさい。

　　（ア）ちっ素　　　　（イ）酸素　　　　（ウ）二酸化炭素　　　　（エ）水素

問5　下水処理場で，放流の直前にある塩素接触槽では，水に塩素を加えています。塩素を加える目的として，最も適当なものを次の(ア)～(エ)から1つ選び，記号で答えなさい。

　　（ア）水中の微生物を減らすため。

　　（イ）できるだけ川の水と近い成分の水にするため。

　　（ウ）大量の塩酸を作り，水を酸性にするため。

　　（エ）水中の汚れとなる物質を分解するため。

II.　環境問題に関連して，野生生物の現状についても，よく話題になっています。

　生物は，自分の子どもをつくることで数を増やしていきます。卵や種子をつくってふえる生物や，分裂してふえる生物，母親の体の中で子どもが成長して生まれてくる生物などがいます。

　太郎くんは，メダカがどのようにふえていくかを調べるために，メダカの飼育と卵の観察を行いました。まず，ペットショップからメダカ(ヒメダカ)を買ってきて，くみ置きの水を入れた水槽でメダカを飼育し，オスとメスを数匹ずつ選びました。別の水槽にオスとメスのメダカを組にして移し，飼育を続けたところ，水草に卵が産みつけられました。卵を水槽から取り出し，別の水槽に移して，メダカの卵がかえるまでの様子を観察しました。

　また，太郎くんは川から野生のメダカを採集してきて，飼育を始めました。野生のメダカとヒメダカとを比べると，形や大きさはよく似ていましたが，体の色などの特徴が異なっていました。図鑑を使って調べると，ヒメダカは野生のメダカをもとにして，子どもの中から体色の明るいものを選び出すことをくり返してつくられた，観賞用の品種だということがわかりました。

　太郎くんは，ヒメダカのオスとメス，野生のメダカのオスとメスを数匹ずつ選び，以下の組合せで飼育して，生まれた子どもがどのような特徴をもっているのかを観察しました。

表　飼育したメダカのオス・メスの組合せ

	オス	メス	子どもの特徴
組合せ①	ヒメダカ	ヒメダカ	ヒメダカの特徴
組合せ②	野生のメダカ	野生のメダカ	野生のメダカの特徴
組合せ③	ヒメダカ	野生のメダカ	ヒメダカと野生のメダカの両方の特徴
組合せ④	野生のメダカ	ヒメダカ	ヒメダカと野生のメダカの両方の特徴

　さらに，組合せ③で得られた子どもと，組合せ④で得られた子どもをそれぞれ飼育して，次の子どもを生ませることを数回くり返しましたが，ヒメダカあるいは野生のメダカのいずれかと全く同じ特徴をもつ子どもは，生まれませんでした。

問6　下線部について，その過程を表した次の図の空欄に，後の(イ)～(エ)を正しい順に並べ，記号で答えなさい。

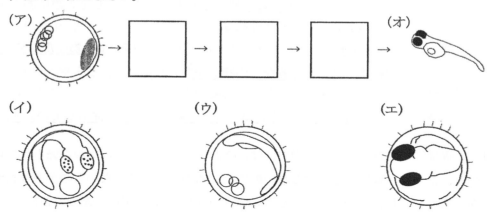

問7　卵からかえった直後のメダカは，成長に必要な栄養をどのように得ますか。簡単に説明しなさい。

問8　近年，野生のメダカの数が減ってきており，絶滅の危機にあると考えられています。日本全国で，この危機を乗り越えようと，メダカの放流が盛んに行われています。自然を本来の姿に戻すためには，野生のメダカを増やして放流するのがよく，ヒメダカのような観賞用の品種を放流するべきではないと考えられています。太郎くんの観察結果から，そのように考えられている理由として適切なものを，次の(ア)～(エ)から1つ選び，記号で答えなさい。

　(ア) ヒメダカは生命力が弱く，自然の川の中で生きていけないから。

　(イ) 体色が明るいヒメダカは，自然の中では野生のメダカよりよく目立ち，別の生物に食べられやすいから。

　(ウ) ヒメダカを放流すると，本来その川にすむメダカの集団の特徴と異なる特徴をもつ集団になっていくから。

　(エ) ヒメダカと本来その川にすむメダカの間でえさをめぐる争いが起こり，野生のメダカの数が減るから。

2 次の文章を読んで，後の問いに答えなさい。

　ユイさんは，ホームセンターで①野菜のたねや苗を買ってきて，自宅の裏にある畑の一部で野菜を作ることにしました。育てた野菜は，ニガウリ(ツルレイシ)，イチゴ，②キュウリ，トウモロコシ，③ジャガイモ，サツマイモなどです。授業で④植物のたねやいもの中には，炭水化物や脂肪，タンパク質などの養分が含まれていて，ヒトやニワトリなどの動物はそれらを食べて，生きていくために必要な養分を得ていることを学習しました。また，ユイさんは⑤学校で，飼育されているニワトリの世話をする係もしています。

問1　下線部①に関連して，野菜の中には，たねから育てるので，たねが売られているものと，たねから育てることはしないので，たねが売られていないものがあります。普通，たねが売られていないものを次の(ア)～(オ)から2つ選び，記号で答えなさい。
　　(ア) ニガウリ　　　　(イ) ダイズ　　　　(ウ) ジャガイモ
　　(エ) トウモロコシ　　(オ) イチゴ

問2　下線部②に関連して，右の図は，キュウリとトウモロコシの雌花のスケッチです。次の(1)～(3)に答えなさい。

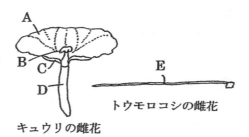
キュウリの雌花　　トウモロコシの雌花

　(1) キュウリの雌花で，受粉した後，実(果実)になるのはどの部分ですか，A～Dから1つ選び，記号で答えなさい。

　(2) トウモロコシの雌花のEに相当する部分を，キュウリの雌花のA～Dから1つ選び，記号で答えなさい。

　(3) トウモロコシの雌花のEが長いことには，どのような利点がありますか。次の(ア)～(エ)から1つ選び，記号で答えなさい。
　　(ア) 受粉しやすい。
　　(イ) 昆虫がとまりやすい。
　　(ウ) 風が吹くとゆれやすい。
　　(エ) 雄花に届きやすい。

問3　下線部③に関連して，ジャガイモのいくつかの部分に，いろいろな時にヨウ素液をつけて色の変化を調べ，その結果を次ページの表にまとめました。これらの結果からわかることは何ですか。後の(ア)～(エ)から1つ選び，記号で答えなさい。

表

ヨウ素液をつけて調べた部分	結果
日光が当たっている昼間にとった葉	青紫色
前日，日光が当たっていて，次の日の夜明け前にとった葉	変化なし
葉に日光が当たっている昼間にとった茎の断面	変化なし
葉に日光が当たっていた日の夜にとった茎の断面	変化なし
土の中に新しくできたいもの断面	青紫色

(ア) 葉で光合成をして作られたデンプンは，すべて葉で使われてなくなる。

(イ) 葉で光合成をして作られたデンプンは，夜の間に，そのまま茎の中を移動する。

(ウ) 葉で光合成をして作られたデンプンは，夜の間に，水に溶ける別のものになって茎の中を移動する。

(エ) いもの部分で光合成をして作られたデンプンは，そのままいもにためられる。

問4　下線部④に関連して，植物は，いもやたねの中に主に含まれる養分によって，炭水化物を多く含むもの，タンパク質を多く含むもの，脂肪を多く含むものの3グループのいずれかに分けられます。次の(1)，(2)に当てはまる植物を，後の(ア)～(キ)から選び，記号で答えなさい。

(1) タンパク質を多く含むものを1つ。

(2) 脂肪を多く含むものを2つ。

　　(ア) ゴマ　　　　(イ) トウモロコシ　　　(ウ) イネ　　　　(エ) ダイズ
　　(オ) サツマイモ　(カ) ラッカセイ　　　　(キ) ジャガイモ

問5　下線部⑤に関連して，ユイさんは，ニワトリのえさが主にトウモロコシの実であることを聞いて，ニワトリの卵の黄身が黄色いのは，トウモロコシの実が黄色であることと関係があるのではないかと考えました。そこで，小学校で飼育しているニワトリを使って，このことを実験で確かめることにしました。次の文中の空欄に当てはまる文を入れなさい。

　　実験：ニワトリを2つのグループに分け，一方には，黄色のトウモロコシの実を与え，他方には，[　　　　]，うまれる卵の黄身の色を比較する。

3 次の文章を読んで，後の問いに答えなさい。

　宇宙船で，火星と木星の軌道(惑星などの天体が太陽の周りを公転している通り道)の間にある小惑星の1つへ，旅行をすることにしました。

　新月の日に地上から発射された宇宙船は，はじめに，飛行機の飛ぶ高さで地球を1周しました。宇宙船から見下ろすと雲が白く輝いていました。次に，国際宇宙ステーションがある高さ(地上から約400kmの高さ)で地球を約90分で1周して，その後，月に向かいました。1週間かけて月に近づき，月を1周しました。それから火星に向かい，火星の近くを通過して，小惑星に向かいました。

問1　地上から見たとき，うろこ雲(巻積雲)は白っぽく見えるのに，雨雲(乱層雲)は黒っぽく見えます。雨雲が黒っぽく見える理由を説明した，次の文中の空欄に適する語句の組合せを，下の(ア)～(エ)から1つ選び，記号で答えなさい。

　　　説明：雨雲は　A　ため，日光が反射・吸収　B　から。

	A	B
(ア)	うすい	されやすい
(イ)	うすい	されにくい
(ウ)	厚い	されやすい
(エ)	厚い	されにくい

問2　宇宙船が，国際宇宙ステーションがある高さで地球の周りを回っている時，日本の近くに台風が見えました。台風全体を見たとき，どのように雲が分布していますか。最も近いものを次の(ア)～(エ)から1つ選び，記号で答えなさい。

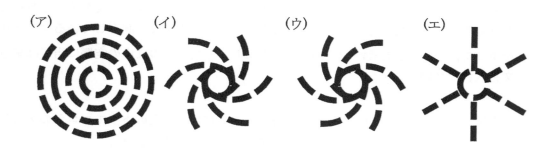

問3 新月の日に地球から発射された宇宙船が，国際宇宙ステーションがある高さで地球を1周している間に，次の(1)，(2)のように太陽が見えなくなった時がありました。それぞれの時の太陽・地球・月・宇宙船の並びとして正しいものを，後の(ア)～(キ)から1つずつ選び，記号で答えなさい。ただし，この日，宇宙船以外の3つの天体は一直線上に並んでいたとします。

(1) 短時間太陽が見えなくなった時

(2) しばらくの間，太陽が見えなくなった時（(1)よりはかなり長い時間）

 (ア) 地球－宇宙船－月－太陽

 (イ) 地球－月－太陽－宇宙船

 (ウ) 地球－月－宇宙船－太陽

 (エ) 月－宇宙船－地球－太陽

 (オ) 月－地球－宇宙船－太陽

 (カ) 宇宙船－地球－月－太陽

 (キ) 宇宙船－月－地球－太陽

問4 宇宙船の窓の中央にオリオン座が見えていました。同じ窓から同時に見える星座を，次の(ア)～(エ)から1つ選び，記号で答えなさい。

 (ア) おおいぬ座 (イ) こと座 (ウ) はくちょう座 (エ) わし座

問5　発射から1週間後，宇宙船(図中の▲印)が月(図中の◎印)の周りを回っている時，地球の半分が半月のように光って見えました。ただし，月に隠れて地球の一部が見えなくなっているわけではありません。また，図中の点線は月の軌道(通り道)で，月は矢印の方向に地球の周りを回っています。この時，宇宙船の位置として可能性があるのはどこですか。図の(ア)～(オ)から1つ選び，記号で答えなさい。

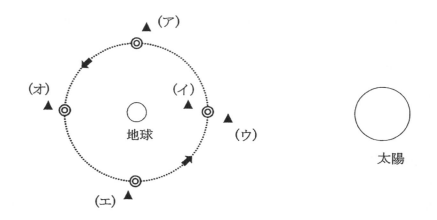

問6　太陽系の惑星について，次の(ア)～(エ)から正しいものをすべて選び，記号で答えなさい。
　　(ア) 地球の大きさは，土星より金星に近い。
　　(イ) 惑星の大きさは，太陽に近いほど大きく，太陽から遠いほど小さい。
　　(ウ) 惑星の中に，自ら光っている星はない。
　　(エ) 地球は，太陽系の惑星の中で最も太陽の近くを回っている。

問7　昨年，JAXA(宇宙航空研究開発機構)の探査機「はやぶさ2」が小惑星リュウグウに着地しましたが，小惑星を調べることによって，明らかになると期待されていることは何ですか。次の(ア)～(エ)から最も適当なものを1つ選び，記号で答えなさい。
　　(ア) 小惑星の環境が，人間の生活に適しているかどうか。
　　(イ) 地球上の場所によって気候が異なる理由。
　　(ウ) 地球の生物が誕生するために必要な物質の由来。
　　(エ) 他の星の生物と連絡をとる方法。

［このページに問題はありません］

4 太郎くんは夏休みの自由研究として，次の実験 I〜III を行いました。それぞれ後の
　　問いに答えなさい。

【実験 I】

　アイスキャンディーを作る実験を，図1のような方法で行いました。砂糖水を入れたステンレス製の円筒形容器をゆっくり冷やしたところ，<u>外側は甘みがなく，内側にいくほど甘みが濃くなっているアイスキャンディー</u>になり，うまく作ることができませんでした。

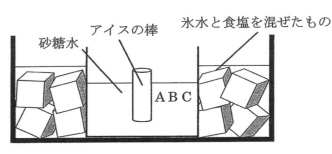

図1

問1　図1の砂糖水は，図の A，B，C のどこからこおり始めますか，1つ選び記号で答え
　　なさい。なお，中心から A，B，C の順に遠くなるものとします。

問2　下線部のようにならず，アイスキャンディー全体が同じ甘さになるように作るには，
　　どうしたらよいですか。次の(ア)〜(エ)から適当なものを 1 つ選び，記号で答えなさ
　　い。
　　(ア) 砂糖水を入れる容器の直径を大きくする。
　　(イ) 砂糖水を入れる容器の直径を小さくする。
　　(ウ) 砂糖水に，水を加えてから冷やす。
　　(エ) 砂糖水に，同じ濃さの砂糖水を加えてから冷やす。

5

4点

(1)

A	円
B	円

(2)

円

(3)

A	個	B	個

6

6点

個

受験番号		得点	※100点満点

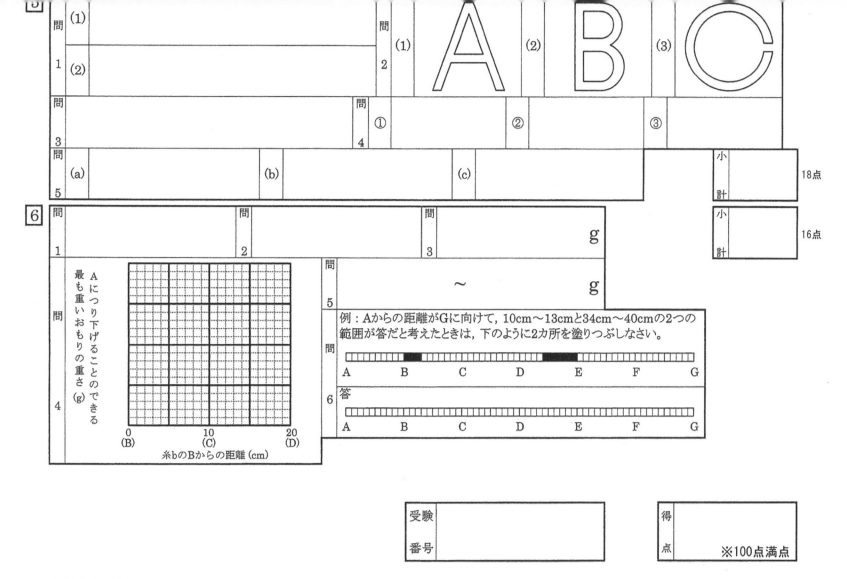

令和2年度　岡山白陵中学校入学試験　**理 科 解 答 用 紙**

1

問1	問2	問3 ①	②

小計　15点

問4	問5	問6　ア → 　　→ 　　→ 　　→ オ

問7	問8

2

問1	問2 (1)	(2)	(3)

小計　16点

問3	問4 (1)	(2)

問5

3

問1	問2	問3 (1)	(2)

小計　16点

問4	問5	問6	問7

4

問1	問2	問3　　　℃	問4　　　g	問5

問　　　℃	問	問	問	g	小

令 和 2 年 度　岡 山 白 陵 中 学 校 入 学 試 験

算 数 解 答 用 紙

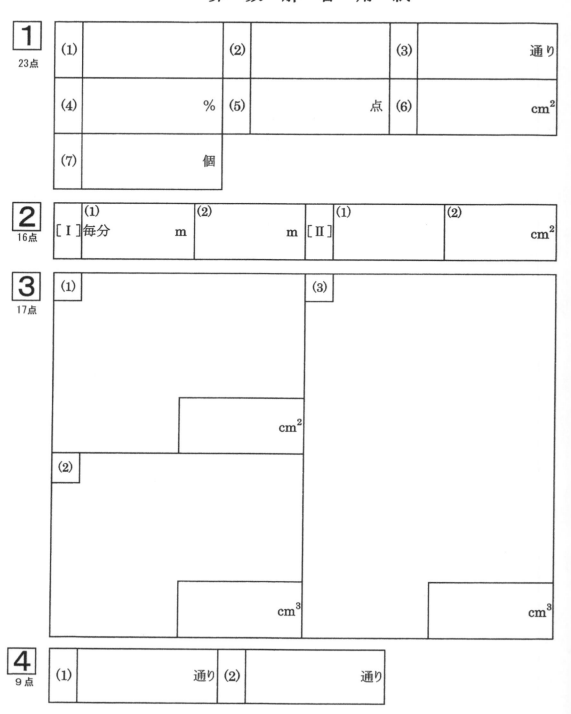

1
23点

(1)		(2)		(3)	通り
(4) ％		(5) 点		(6) cm²	
(7) 個					

2
16点

[I] (1) 毎分 　　 m	(2) 　　 m	[II] (1)	(2) 　　 cm²

3
17点

(1) 　　 cm²

(2) 　　 cm³

(3) 　　 cm³

4
9点

(1)	通り	(2)	通り

【実験 II】

　水溶液の濃さと水溶液がこおり始める温度(凝固点)との間にどのような関係があるか調べるために，水 20ｇに，1gから 9g まで 1g ずつ重さを変えて食塩を加え，凝固点を測定しました。また，水 20g に，5g から 20g まで 5g ずつ重さを変えて砂糖を加え，同様の実験を行いました。以下の表は，そのときの結果を表しています。なお，食塩を 7g 以上加えたとき，食塩の一部が溶けずに残っていました。

表1　加えた食塩の重さと凝固点

重さ (g)	1	2	3	4	5	6	7	8	9
凝固点 (℃)	−3.3	−6.6	−9.9	X	−16.5	−19.8	−21.0	−21.0	−21.0

表2　加えた砂糖の重さと凝固点

重さ (g)	5	10	15	20
凝固点 (℃)	−1.5	−3.0	−4.5	−6.0

問3　表1中の X の値を小数第1位まで答えなさい。

問4　水 20g に食塩を 8g 加えたとき，溶けている食塩の重さは何 g ですか。小数第2位を四捨五入して，答えなさい。

問5　この実験結果からわかることを，次の(ア)〜(カ)からすべて選び，記号で答えなさい。なお，下の文中の「濃さ」とは，同じ量の水に溶けている物質の重さを示しているものとします。
　　(ア) 水に食塩や砂糖を溶かすと，その凝固点は水だけの凝固点より上がる。
　　(イ) 水に食塩や砂糖を溶かすと，その凝固点は水だけの凝固点より下がる。
　　(ウ) 同じ物質であれば，溶液の凝固点は溶液の濃さに比例して下がる。
　　(エ) 同じ物質であれば，溶液の凝固点は溶液の濃さに無関係である。
　　(オ) 同じ濃さでも，食塩水の凝固点は砂糖水の凝固点よりも高い。
　　(カ) 同じ濃さでも，食塩水の凝固点は砂糖水の凝固点よりも低い。

【実験 III】

　水を冷やしたときの冷却（れいきゃく）時間(冷やし始めてからの時間)と温度の関係を示すグラフが，図2のようになることを授業で習ったので，砂糖水を冷やしたときにはどうなるかを調べてみることにしました。実験してみると，図3のようなグラフになりました。

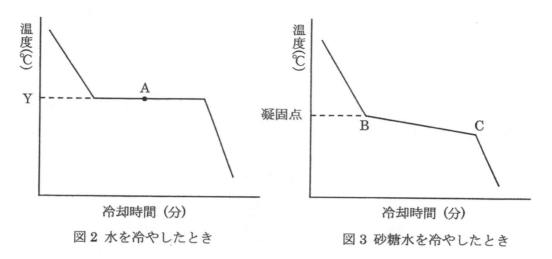

図2　水を冷やしたとき　　　　　図3　砂糖水を冷やしたとき

問6　図2のYは何℃ですか。

問7　図2の点Aのときの状態はどれですか。次の(ア)～(オ)から1つ選び，記号で答えなさい。

　　(ア) 固体のみ　　　　(イ) 固体と液体　　　(ウ) 液体のみ

　　(エ) 液体と気体　　　(オ) 気体のみ

問8　図3のグラフで，点Bから点Cまでの間が右下がりになる(温度が下がっている)のは，なぜだと考えられますか。理由を説明した，次の文中の空欄にあてはまる語句の組み合わせを，後の(ア)〜(ク)から1つ選び，記号で答えなさい。

　　理由：時間がたつにつれて，(　a　)だけが先に固体になり，溶液の濃さが(　b　)なるため，凝固点が(　c　)から。

	a	b	c
(ア)	砂糖	濃く	上がる
(イ)	砂糖	濃く	下がる
(ウ)	砂糖	うすく	上がる
(エ)	砂糖	うすく	下がる
(オ)	水	濃く	上がる
(カ)	水	濃く	下がる
(キ)	水	うすく	上がる
(ク)	水	うすく	下がる

問9　水20gに砂糖5gを溶かしたとき，実験IIの表2より，凝固点は−1.5℃でした。この砂糖水をゆっくり冷やし続け，砂糖水の温度が−2.5℃になったとき，氷は何gできていますか，整数で答えなさい。なお，−2.5℃のとき，砂糖水の一部が氷になっていました。また，できた氷に含まれる砂糖はわずかであるため，計算上無視できるものとします。

5 次の文章を読み，後の問いに答えなさい。

　私たちは，暮らしの中でいろいろなものをあたためています。ものがあたたまるときには，あたたかい部分から冷たい部分に熱が伝わっていきます。熱の伝わり方には主に3種類あり，それぞれ伝導・対流・放射といいます。

　伝導は，ものがあたためられている部分から近い順にあたたまっていく伝わり方です。例えば金属を熱すると，熱した部分から近い順に熱が伝わって，あたたまっていきます。

　対流は，ものが移動することによる伝わり方です。例えば，水を熱すると，あたたまった水が上の方へ動くことが繰り返されて，全体があたたまっていきます。

　放射は，光によって熱が伝わる伝わり方です。例えば，太陽と地球の間は遠くはなれていて，その間にはほとんどものがありませんが，そのような場所でも光は伝わることができます。太陽から伝わってくる光によって，地球はあたためられています。

　これらの3種類の熱の伝わり方を十分に理解することで，冷房や暖房に必要なエネルギーを節約し，効率よく，また環境にやさしく生活することができます。

問1　伝導について，次の実験を行いました。次のページの(1)と(2)の図のような金属の棒や板の，図の×印の部分をアルコールランプの炎であたためたとき，温度が上がり始めるのが早い順に図のア〜オをそれぞれ並べなさい。温度が同時に上がり始める場所がある場合は，以下の例にならって答えなさい。棒や板の温度は，はじめにどの場所でも同じであったとし，伝導以外の熱の伝わり方の影響はなかったとします。必要があれば，以下の直角三角形の3辺の長さの比を使ってもかまいません。

　(例) ア・イ・ウの順番に温度が上がり始め，ウの次にエとオの温度が同時に上がり始めた場合

　　　　　　ア → イ → ウ → (エ・オ)

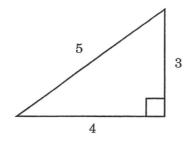

(1) 金属の棒を下の太線の形につなげました。太線以外の場所に金属はなく，マス目は1cm ごとにかいてあります。

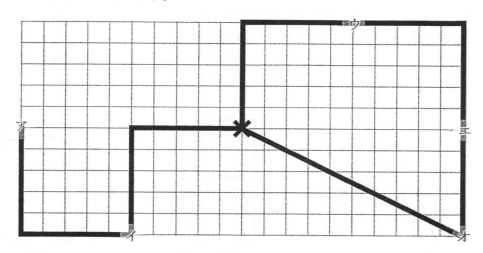

(2) 1辺 10cm の正方形の薄い金属板から，下の図のマス目がない部分を切り取りました。マス目は 1cm ごとにかいてあります。

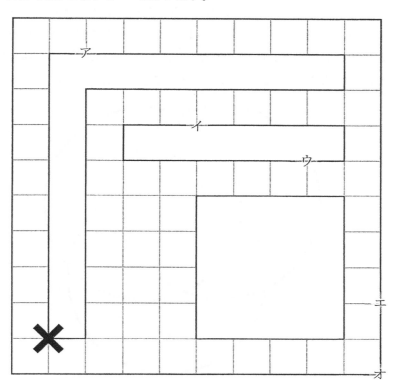

問2　対流について，次の実験を行いました。断面の形が下の(1)〜(3)の図のような容器に，示温インクを加えた冷たい水を入れ，立てて置きました。図の×印の部分をアルコールランプであたため，色の変化が落ち着くまで観察しました。水があたたまって元の色から変化する場所を，解答用紙の図に斜線を使って示しなさい。水の温度は，はじめにどの場所でも同じであったとし，対流以外の熱の伝わり方の影響はなかったとします。また，図の上側が，天井の方を示すものとします。

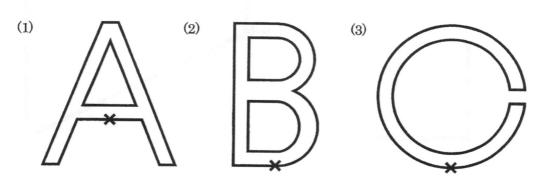

(1)　(2)　(3)

問3　放射について，次の実験を行いました。太陽の光を円形の鏡で反射して，壁に当てました。当たった光によって壁は円形に照らされ，あたたまりました。3枚の同じ鏡を使って，明るい部分の形を下の図のようにして一定時間あたためた時，図のア〜オを，その場所の温度が高い順に並べなさい。ただし，放射以外の熱の伝わり方の影響はなかったとします。同じ温度の場所がある場合は，問1の例にならって答えなさい。

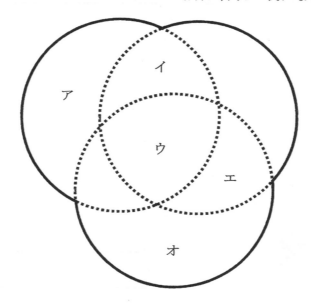

問4　次の①～③は，主にどの熱の伝え方を使っていますか。それぞれ後の(ア)～(ウ)から
　　1つずつ選び，記号で答えなさい。
　　①　エアコン　　　②　電気こたつ　　　③　使い捨てカイロ

　　熱の伝え方：　(ア)　伝導　　　　(イ)　対流　　　　(ウ)　放射

問5　伝導・対流・放射によるあたたまり方の違いを考えます。下の図のような，半球形
　　の金属でできた容器の底の中央(図の★の場所)に，(a)伝導だけ，(b)対流だけ，(c)放射
　　だけで熱を伝える3種類の装置のいずれかを置きました。(a)～(c)で熱を伝える装置
　　それぞれについて，図の点ア，点イ，点ウのうち，最も早く温度が上がり始める点を
　　選び，記号で答えなさい。2点以上の温度が同時に上がり始める場合は，それらの点
　　をすべて書きなさい。ただし，底の中央から点ア，イ，ウまでの直線距離はどれも同
　　じとします。また，図の上側が，天井の方を示すものとします。

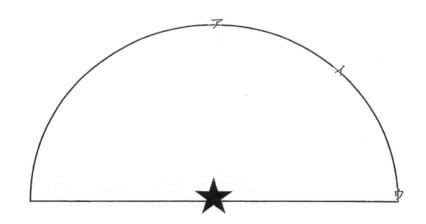

6 次の文章を読み，後の問いに答えなさい。

　長さ 60cm，重さ 100g のまっすぐな棒があります。棒は，細くて曲がらず，どこも同じ材質(同じ体積なら同じ重さ)で，太さが一定です。棒の端Aからもう一方の端 G まで 10cm ごとに，B，C，D，E，F の記号と目盛りをつけました。棒全体の重さは D に集まり，他の部分の重さが無視できるものとします。天井から真下に糸を張って，棒をつり下げる実験をします。糸は軽くて伸び縮みせず，実験中に切れない強さです。この実験で使う糸の長さはどれも 40cm です。

　図1のように，D に糸 a を取り付けて棒を天井からつり下げると，水平にすることができました。この状態で，A に上向きに力を加えても，下向きに力を加えても，棒は水平ではなくなりました。

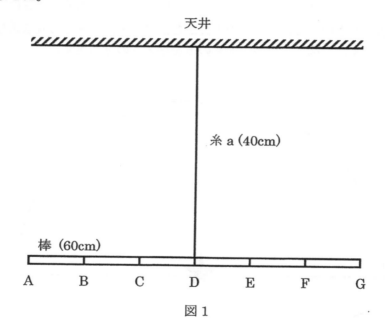

図1

問1　次ページの図 2 のように，B にも糸 b を取り付けて天井からつり下げると，棒を水平にすることができました。この状態で，A を上に押すと，棒はどうなりますか。次の(ア)〜(ウ)から，適するものを 1 つ選び，記号で答えなさい。
　　(ア) どんな強さの力でも，水平のままである。
　　(イ) どんな強さの力でも，水平ではなくなる。
　　(ウ) 力の強さによって，水平のままだったり，水平ではなくなったりする。

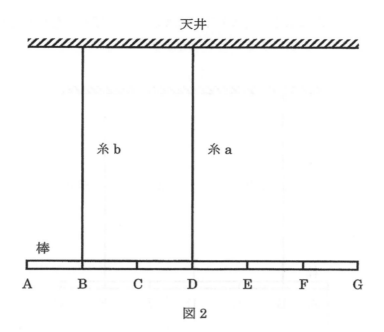

図2

問2　図3のように，Fにも糸cを取り付けて天井からつり下げると，棒を水平にすることができました。指でAを上へ押すと棒はどうなりますか。問1の(ア)〜(ウ)から，適するものを1つ選び，記号で答えなさい。

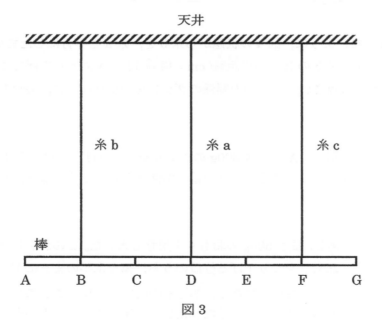

図3

問3　図4のように，Aにおもりをつり下げます。つり下げるおもりの重さが最大何gまでなら，棒を水平のままにすることができますか。

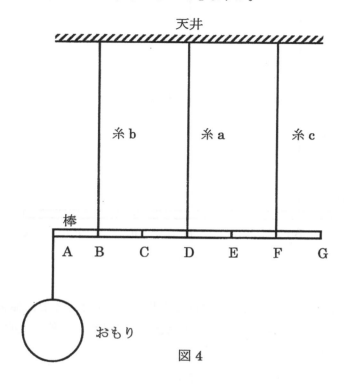

図4

問4　棒が傾かないように，図4の状態から糸bを，糸aと平行にしたままBからDまで動かします。糸bのBからの距離(cm：横軸)と，Aにつり下げることができる最も重いおもりの重さ(g：縦軸)の関係のグラフをつくりなさい。縦軸の数値も記入しなさい。

問5　図3の状態に戻し，Aに重さ300gのおもりをつり下げ，Gにもう1つおもりをつり下げます。Gにつり下げるおもりの重さが何gから何gまでなら，棒を水平のままにすることができますか。

問6　図3の状態に戻し，重さ500gのおもりを用意しました。このおもりを棒のどこかにつり下げます。おもりをつり下げる位置のうち，棒を水平のままにすることができない範囲を塗りつぶしなさい。ただし，解答欄の図には，1cmごとに目盛りがかいてあります。解答用紙の例のように，はなれた場所を選んで塗ってもかまいません。

[このページに問題はありません。]

4 次の各問いに答えなさい。(**解答用紙には，答えのみを書きなさい。**)

（1） 下の□に「＋」，「×」，「÷」のいずれかの記号をそれぞれ入れて式をつくります。記号を入れて，その式を計算した結果が整数になる記号の入れ方は全部で何通りありますか。ただし，□に入れる記号は同じでも異なっていてもかまいません。

$$10 \,\square\, 4 \,\square\, 3 \div 2$$

（2） 下の□に「＋」，「×」，「÷」のいずれかの記号をそれぞれ入れて式をつくります。記号を入れて，その式を計算した結果が整数になる記号の入れ方は全部で何通りありますか。ただし，□に入れる記号は同じでも異なっていてもかまいません。

$$10 \,\square\, 8 \,\square\, 6 \,\square\, 4 \,\square\, 2$$

5 2種類の商品A，Bがあり，Aには原価の10%の利益を見込んで定価をつけ，Bには原価の20%の利益を見込んで定価をつけます。A 100個分の原価の合計とB 80個分の原価の合計が等しく，Aを100個売ったときの利益よりBを80個売ったときの利益の方が4000円多くなります。このとき，次の各問いに答えなさい。

（1） A，Bの原価をそれぞれ求めなさい。

（2） A，Bを合計36個仕入れてすべて売ったところ，AとBの個数を予定していた数とは逆にして仕入れてしまったため，利益が予定より720円少なくなりました。予定していた利益を求めなさい。

（3） A，Bを合計200個仕入れて売ったところ，どちらか一方の商品だけが50個売れ残りました。そこで，売れ残った50個を定価の20%引きですべて売ったところ利益が合計で7800円となりました。仕入れたAとBの個数を求めなさい。

［このページに問題はありません。］

6　チョコレートとガムが合わせて 1000 個あります。チョコレートは同じ個数ずつ 4 人でわけると 3 個余り，同じ個数ずつ 5 人でわけると 3 個余ります。ガムは同じ個数ずつ 3 人でわけると 2 個余り，同じ個数ずつ 13 人でわけると 12 個余ります。チョコレートの個数を求めなさい。ただし，どちらも 100 個以上あるものとします。(解答用紙には，答えのみを書きなさい。)

平成31年度

岡山白陵中学校入学試験問題

算　　数

注　意　1.　時間は60分で100点満点です。
　　　　2.　問題用紙と解答用紙の両方に受験番号を記入しなさい。
　　　　3.　開始の合図があったら，まず問題が1ページから10ページ
　　　　　　まで，順になっているかどうかを確かめなさい。
　　　　4.　解答は解答用紙の決められたところに書きなさい。
　　　　5.　特に指示のない問いは，考え方や途中の式も書きなさい。

1

次の各問いに答えなさい。(解答用紙には，答えのみを書きなさい。)

（1） 次の計算をしなさい。

$$23 \times 1013 + 21 \times 52 - 23 \times 13 + 21 \times 48$$

（2） 次の式の□に当てはまる数を求めなさい。

$$2.5 \times \frac{7}{9} - \frac{7}{2} \div (\square + 2) = \frac{2}{9}$$

（3） AB＝AC の二等辺三角形について DA＝DB＝BC のとき角アは何度ですか。

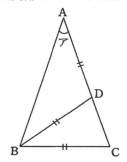

（4） 正七角形に対角線は何本引けますか。

（5） 兄は1本100円のえんぴつを，弟は1本80円のえんぴつを買いました。買った本数は，兄の方が4本多く，代金は520円多かったそうです。兄が買ったえんぴつは何本ですか。

（6） 仕入れ値の30%の利益を見込んで定価をつけ，それを20%引きで売ったところ20円の利益を得ました。仕入れ値を求めなさい。

2 次の［Ⅰ］，［Ⅱ］の各問いに答えなさい。（解答用紙には，答えのみを書きなさい。）

［Ⅰ］

　（1）　1円硬貨，10円硬貨，100円硬貨がそれぞれ2枚ずつあります。これらの硬貨を使っておつりなしで支払うことのできる金額は，全部で何通りありますか。ただし，0円は除きます。

　（2）　1円硬貨，50円硬貨，100円硬貨がそれぞれ2枚ずつあります。これらの硬貨を使っておつりなしで支払うことのできる金額は，全部で何通りありますか。ただし，0円は除きます。

[Ⅱ]

（1） 正方形 ABCD の面積が16cm²のとき，正方形 EFGH の面積を求めなさい。

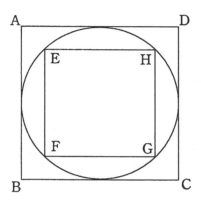

（2） 下の図は 1 辺 4cm の正方形と半円を組み合わせた図形です。辺 AC の真ん中の点を O とします。このとき，斜線部分の面積を求めなさい。ただし，円周率は 3.14 とします。

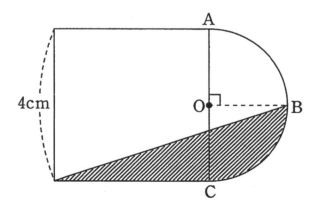

$\boxed{3}$　A君は仕事Xを10分で，仕事Yを20分で終えます。B君は仕事Xを20分で，仕事Yを30分で終えます。A君とB君が2人で次のように仕事を行うとき，次の各問いに答えなさい。

（1）　A君が仕事Xを4分間行い，その後すぐにB君が残りの仕事Xを行うとき，仕事Xが終わるまでにかかる時間は何分ですか。
　（解答用紙には，答えのみを書きなさい。）

（2）　A君が仕事Xを，B君が仕事Yを同時に始め，A君は仕事Xが終わったらすぐにB君の仕事Yを手伝うとき，すべての仕事が終わるまでにかかる時間は何分ですか。

（3）　仕事XをA君とB君が2人がかりで同時に始め，仕事Xが終わったらすぐに仕事Yを2人がかりで同時に行うとき，すべての仕事が終わるまでにかかる時間は何分何秒ですか。

平成31年度

岡山白陵中学校入学試験問題

理　　科

注　意　　1.　時間は60分で100点満点です。
　　　　　2.　問題用紙と解答用紙の両方に受験番号を記入しなさい。
　　　　　3.　開始の合図があったら，まず問題が1ページから19ページ
　　　　　　　まで，順になっているかどうかを確かめなさい。
　　　　　4.　解答は解答用紙の決められたところに書きなさい。

1 次の文を読み，後の問いに答えなさい。

　現在，病院で体内を撮影するための道具として，カプセル内視鏡が用いられています。カプセル内視鏡は長さが 2cm ほどで，カメラと通信装置が備わっています。検査を受ける人が飲みこむと体内を移動しながら周りの写真を撮り，外部にデータを送ります。これを用いて，体内の病気を発見することが可能となっています。

　将来，技術の進歩によって，さらに小さいカプセル内視鏡が開発されたとします。これには通信装置，周囲の物質を調べる装置，動画撮影可能なカメラが備わっており，撮影した動画を外部のモニターに映し，外部から操作することで体内を自由に移動させることができます。この小型のカプセル内視鏡を用いて，ヒトの体内を観察してみましょう。

　2 台の小型カプセル内視鏡(以後カプセル A，カプセル B と呼びます)を，鼻からヒトの体内に入れました。カプセル A は，鼻の中を通り過ぎてから①細い管を進み，急に広い場所に到着しました。ここでは，(1)液体がシャワーのように出てきて，カプセル A はゆさぶられました。そこを出ると急にせまい通路になり，(2)途中の壁に，黄色の液体が出ている穴が 1 つ見えました。その後，②壁がひだ状になっている通路の中を通りました。(3)ひだの表面には小さなでっぱりが多数あり，カプセル A は，でっぱりの間に入って周りを観察しながら少しずつ前進しました。この通路の次に，③先ほどに比べて太い通路を通りました。さらに進むと肛門から体外に排出されました。

　カプセル B は鼻の中を通り過ぎてから，カプセル A が進んだ管とは異なる，空気が出入りしている管に入りました。まず 2 つに管が分かれ，一方の管に進みました。ここでは，空気が動く向きは約 2 秒ごとに変化していました。その空気の成分を調べてみると，出ていく空気中の ｜ a ｜ の割合が，入ってくる空気中の割合に比べて約 100 倍になっていることが分かりました。その後分岐が繰り返され，とうとう小さな袋に入って行き止まりになりました。この袋の壁は薄く，(4)袋の周囲に細い血管が巻きついている様子が見られました。(5)この袋の中で，カプセル B は大きくゆらされました。しばらくしてから，カプセル B は，いきなり強い風にのって鼻から出されました。

問1　文中の①，②，③の長さを比べて，長い方から順に左から並べ，番号で答えなさい。

問2　下線部(1)で，シャワーのように出てきた液体の名称を答えなさい。

問3　下線部(2)で，穴から出てきた液体の名称を1つ答えなさい。

問4　下線部(3)の小さなでっぱりの名称を書きなさい。また，このでっぱりの役割として
　　正しいものを，次の(ア)~(オ)から1つ選び，記号で答えなさい。
　　　(ア)　養分を一時的にたくわえる。
　　　(イ)　消化液と食物を混ぜ合わせる。
　　　(ウ)　体にとって害になるものをこわす。
　　　(エ)　養分を吸収する。
　　　(オ)　酸素を吸収する。

問5　文中の　a　にあてはまる気体の名称を，次の(ア)~(ウ)から1つ選び，記号で答え
　　なさい。
　　　(ア)　ちっ素　　　　(イ)　酸素　　　　(ウ)　二酸化炭素

問6　下線部(4)で，袋の周囲に巻きついている血管の名称を答えなさい。

問7　下線部(5)で，袋の中でカプセルが大きくゆらされる原因となったヒトの生命活動の
　　名称を答えなさい。

問8　次のヒトの臓器(ア)~(オ)のうち，カプセルA，Bのどちらも通らなかったものを，
　　すべて選び，記号で答えなさい。
　　　(ア)　食道　　(イ)　気管　　(ウ)　肝臓　　(エ)　大腸　　(オ)　ぼうこう

問9　文中の小型カプセル内視鏡の長さはどれくらいと考えられますか。次の(ア)~(ウ)か
　　ら最も近い数値を1つ選び，記号で答えなさい。
　　　(ア)　2mm　　(イ)　0.2mm　　(ウ)　0.02mm

2 次の文を読み，後の問いに答えなさい。

【文1】　小学6年生の花子さんは，植物に興味をもち，学校にあったスダジイの葉を観察することにしました。まず肉眼で葉の様子を観察しました。葉の表側は葉の裏側にくらべ，緑色が濃く見えました。

　次に花子さんは顕微鏡を用いて葉の断面を観察しました。葉の断面は図1のようになっていました。表側にはたくさんの細胞(注1)が並んでおり，裏側にはすき間の多い構造が見られました。

　葉は光合成を行い，その際，空気中の二酸化炭素を取りこんでデンプンを合成し，同時に（　①　）を放出します。合成されたデンプンは分解されて二酸化炭素ができたり，その後の成長に利用されたり，植物の体の一部にたくわえられたりします。葉の裏側には気体の出入口である（　②　）が多く存在します。そこから水蒸気が放出されることを（　③　）といいます。この（　③　）は，植物が水を吸い上げる重要な要因になっています。

図1　葉の断面

(注1) 膜に囲まれた一区切りの構造。この中でデンプンの合成や，デンプンの分解などの生命活動が行われている。

問1　上の文中の空欄（　①　）～（　③　）に適当な語句を入れなさい。

問2　デンプンができたかどうかを調べるために用いる薬品の名称を答えなさい。

問3　同じくらいの大きさの葉が4枚ついた枝を4本用意します。葉の表側と裏側の両方にワセリンをぬった枝(A)，葉の表側にワセリンをぬった枝(B)，葉の裏側にワセリンをぬった枝(C)，葉にワセリンをぬらなかった枝(D)を，それぞれ水の入った花びんにさして，窓際に置きました。花びんの水が減った量の多い順に並べたとき，正しいものを次の(ア)～(カ)から1つ選び，記号で答えなさい。ただし，ワセリンは油の一種で，気体の出入りを妨げるはたらきがあります。

(ア) D→A→B→C　　　(イ) D→A→C→B　　　(ウ) D→B→A→C

(エ) D→B→C→A　　　(オ) D→C→A→B　　　(カ) D→C→B→A

【文2】 次に花子さんは，同じ大きさの
スダジイの葉を数枚用意し，1枚ごとに密
閉された容器に入れ，光の強さ（単位はル
クス）を変えながら葉の表側と裏側から
別々に光をあてました。光の強さと数時間
おいたときの二酸化炭素吸収量の関係を
図2のグラフに表しました。なお，表側か
ら 100,000 ルクスの光をあてたときの二
酸化炭素吸収量を 100 として表しました。

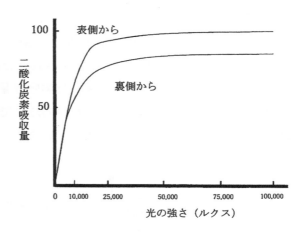

図2 光の強さと二酸化炭素吸収量の関係

問4 図2のグラフからわかることを，次の(ア)～(エ)からすべて選び，記号で答えなさい。
   (ア) 光の強さが強いと，葉の表側から光をあてたときの方が，裏側から光をあて
       たときに比べ，光合成が活発に行われている。
   (イ) 裏側から 50,000 ルクスの光をあてたときの方が，表側から 10,000 ルクスの
       光をあてたときに比べ，光合成が活発に行われている。
   (ウ) 裏側から 100,000 ルクスの光をあてたときの方が，表側から 50,000 ルク
       スの光をあてたときに比べ，光合成が活発に行われている。
   (エ) 10,000 ルクスと 100,000 ルクスの光をあてたときを比べると，表側と裏側の
       二酸化炭素吸収量の差は等しい。

－4－

【文3】　次に花子さんは，1本のスダジイの木の中で，葉のついている場所に注目しました。光のよくあたる場所の葉(陽葉)と，陰になっている場所の葉(陰葉)で，同じくらいの大きさのものをとり，1枚ごとに密閉された容器に入れ，数時間，光を当てる実験をしました。下の図3は光の強さと二酸化炭素吸収量または放出量の関係を示したもので，A・Bはそれぞれ陽葉か陰葉かのいずれかの結果です。縦軸上向きは二酸化炭素吸収量を，縦軸下向きは二酸化炭素放出量を表しています。さらに光の強さ X は陰になっている場所の光の強さと同じです。

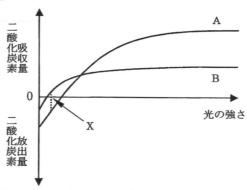

図3　陽葉と陰葉の光の強さと二酸化炭素吸収量の関係

　次に花子さんは，陽葉と陰葉の大きさを比較することにしました。図4のように葉柄についている部分から葉の先端までを葉身長，葉の幅を葉身幅といいます。陽葉と陰葉について葉身長，葉身幅を測り，図5のグラフを作成しました。

図4　葉の模式図

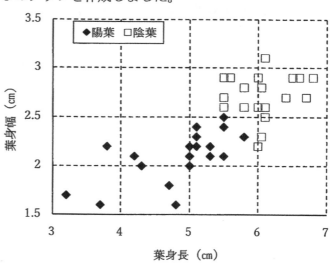

図5　葉身長と葉身幅の関係

問5 図3で光の強さを0(真っ暗)にした時に，二酸化炭素が放出されるのはなぜですか。その理由を答えなさい。

問6 図3で光の強さをXにしたとき，光を当てる前と比べて，デンプンの増えた量が多い葉はAとBのどちらであると考えられますか。記号で答えなさい。

問7 花子さんが実験に用いた陽葉と陰葉は，スダジイの木のどの位置にあったと考えられますか。図3〜5を参考にして，葉の大きさと位置関係を表した次の(ア)〜(エ)から正しいものを1つ選び，記号で答えなさい。ただし図の右側を南とします。

(ア)

(イ)

(ウ)

(エ)

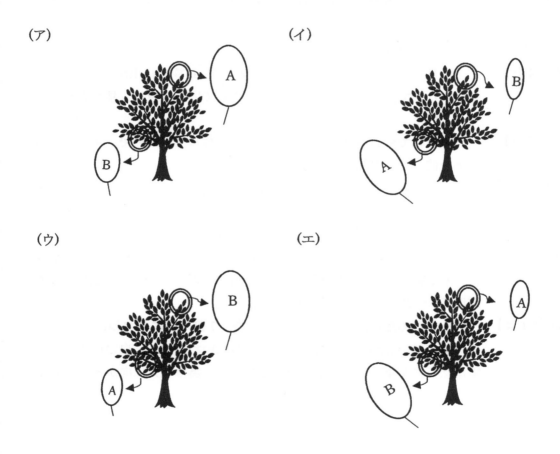

3　次の文は，平成30年の太郎君の日記の一部です。文を読んで，後の問いに答えなさい。

【3月22日】　福井県のおばあちゃんの家に，昨日から家族で来ている。おばあちゃんの家からも高い山や高い建物は見えなかった。日が出た時刻と日が沈んだ時刻が，自分の家で見るより早かった。

【5月6日】　一日中快晴だった。お父さんと，地層の観察に行った。砂岩，れき岩，火山灰などの地層が見られた。

【6月21日】　今日は夏至。先日学校で作った日時計で，太陽の動きを調べた。

【7月7日】　梅雨前線の影響で大雨が降った地域が多かった。ぼくの家のあたりも一日中雨だった。

【7月28日】　皆既月食が見られた。

【8月4日】　土曜日だったので，午前中はお父さんと昆虫採集に出かけた。とても暑かったので，こまめに水を飲むようにしていた。夜は，星がきれいに見えていた。

【8月7日】　天気予報で台風が日本に近づいてくると言っていたので，インターネットを使って，台風の予想進路を調べた。

【8月11日】　流れ星がいっぱい見えると聞いていたので，夜，お父さんと一緒に星座や流れ星を観察した。晴れていたので，星座の形もはっきりと見えたし，暗い星もいっぱい見えた。流れ星も30個くらい見えた。

【9月6日】　北海道で地震があった。最大震度7，マグニチュード6.7だったそうだ。後で調べたら，2011年の東日本大震災の原因となった地震は，最大震度7，マグニチュード9.0だったそうだ。

【11月1日】　空をながめたら，空全体の広さのうち，7割が雲におおわれていたが，雨は降っていなかった。また，雲の種類はいわし雲で，白い色で小さな雲がたくさん集まったような形をしていた。雲は北東に向かって動いていた。

2019(H31) 岡山白陵中
K教英出版

問1 【5月6日】の観察で見られた地層について，正しいものを次の(ア)～(オ)から1つ選び，記号で答えなさい。

(ア) 砂岩の粒は直径2mm以上のものが多いが，泥岩の粒は直径2mm以下のものが多い。

(イ) れき岩の粒が丸みを帯びているのは，川の河口付近で堆積したからである。

(ウ) れき岩の中には化石が見られることがあるが，泥岩の中に化石が見られることはない。

(エ) すぐ近くに火山がないと，火山灰の地層はできない。

(オ) 火山灰の地層があると，その場所が陸上であったことがわかる。

問2 【6月21日】の日時計の影は，正午と日の入り直前とで，それぞれどちらの向きにできていましたか。適当な方位を次の(ア)～(ク)から1つずつ選び，記号で答えなさい。

(ア) 東 　(イ) 西 　(ウ) 南 　(エ) 北 　(オ) 東よりやや北側

(カ) 東よりやや南側 　(キ) 西よりやや北側 　(ク) 西よりやや南側

問3 【6月21日】について，適当であると思われるものを次の(ア)～(カ)からすべて選び，記号で答えなさい。なお，南中高度とは，太陽が真南に来たときの高さのことです。

(ア) 1年のうちで，気温が最も高くなることが多い。

(イ) 1年のうちで，気温が最も低くなることが多い。

(ウ) 1年のうちで，昼の時間が最も長い。

(エ) 1年のうちで，夜の時間が最も長い。

(オ) 1年のうちで，太陽の南中高度が最も高い。

(カ) 1年のうちで，太陽の南中高度が最も低い。

問4 【7月7日】に空をおおっていた雲の名前を，次の(ア)～(オ)から1つ選び，記号で答えなさい。

(ア) 乱層雲 　(イ) 層雲 　(ウ) 積雲 　(エ) 巻雲 　(オ) 巻積雲

問5 【8月4日】の夜9時頃，月は空のどこに見えますか。適当なものを次の(ア)～(カ)から1つ選び，記号で答えなさい。

(ア) 東 　(イ) 西 　(ウ) 南 　(エ) 南東 　(オ) 南西 　(カ) 見えない

問6　下の図は，【8月7日】の台風の予想進路図です。次の(1)，(2)は何を示しています
　　か。後の(ア)〜(オ)から1つずつ選び，記号で答えなさい。

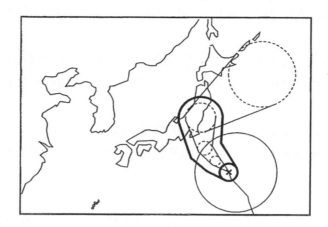

　　(1)　細い —— 線でかかれた円の内部
　　(2)　----- 線でかかれた円の内部

　　　(ア)　台風の中心が動いてくると考えられる範囲
　　　(イ)　現在，風速25m(秒速)以上の風が吹いている範囲
　　　(ウ)　現在，風速15m(秒速)以上の風が吹いている範囲
　　　(エ)　この後，風速25m(秒速)以上になると考えられる範囲
　　　(オ)　この後，風速15m(秒速)以上になると考えられる範囲

問7　【8月11日】の月齢として最も近いものを，次の(ア)〜(オ)から1つ選び，記号で答
　　えなさい。
　　　(ア) 3　　　　(イ) 7　　　　(ウ) 15　　　　(エ) 22　　　　(オ) 29

問8　【8月11日】の星空の観察で，次の(ア)〜(オ)の星座のうち，夜9時頃に見えたのは
　　どれですか。すべて選び，記号で答えなさい。
　　　(ア) こぐま座　　　(イ) はくちょう座　　　(ウ) さそり座
　　　(エ) オリオン座　　　(オ) おおいぬ座

問9　【11月1日】に，太郎君が観測したときの天気は何ですか，答えなさい。

4

(1) | | (2) | (ア) | (イ)

5

(1)

cm³

(2)

cm²

(3)

cm³

受験
番号

得
点

※100点満点
（配点非公表）

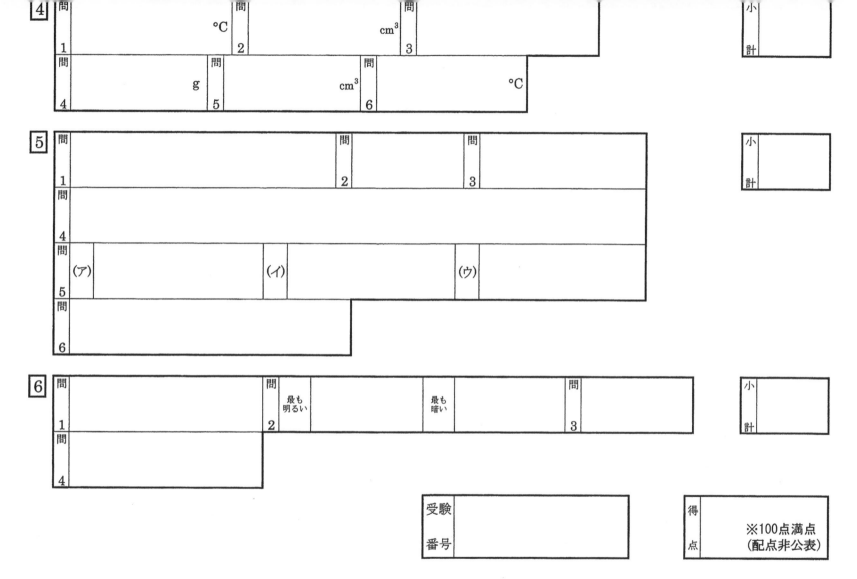

平成31年度　岡山白陵中学校入学試験　理 科 解 答 用 紙

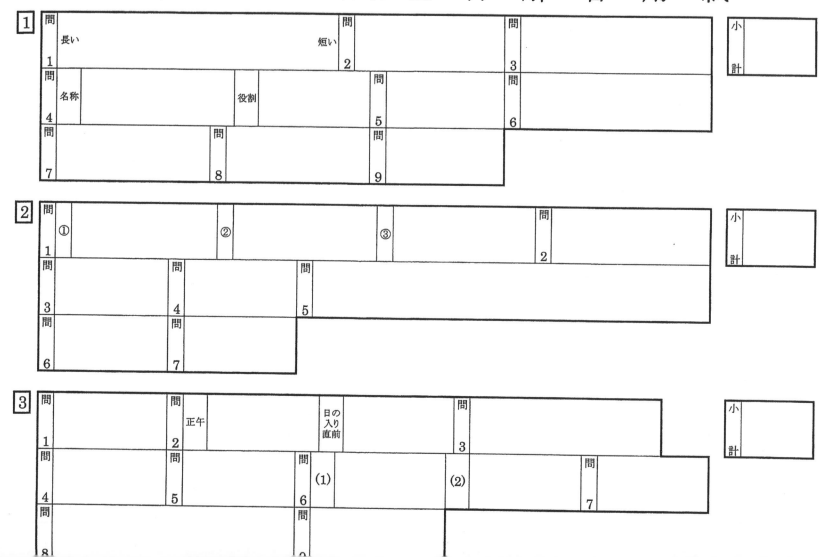

1

問1　長い　　　　　短い
問2
問3
小計

問4　名称　　　　役割
問5
問6

問7
問8
問9

2

問1　①　②　③
問2
小計

問3
問4
問5

問6
問7

3

問1
問2　正午
問3　日の入り直前
小計

問4
問5
問6　(1)　(2)
問7

問8

平成 31 年度　岡山白陵中学校入学試験

算 数 解 答 用 紙

1

(1)		(2)		(3)	°
(4)	本	(5)	本	(6)	円

2

[Ⅰ]	(1) 通り	(2) 通り	[Ⅱ]	(1) cm²	(2) cm²

3

(1)　分

(2)

分

(3)

分　秒

4 次の I, II に答えなさい

I. 水酸化ナトリウムは白いつぶ状の固体です。水酸化ナトリウムを水に溶かすと，熱が発生するために温度が上昇し，水酸化ナトリウム水溶液になります。以下の実験 1, 2 を行いました。後の問いに答えなさい。

ただし，水酸化ナトリウムを水に溶かしても，水溶液の体積変化はごくわずかで無視してよいものとします。また，発生した熱は，水溶液の温度を上げるのにすべて使われ，どの水溶液でも 1cm³ の温度を 1℃ 上げるのに必要な熱量は同じであるとします。

【実験 1】水の量を常に 100cm³ とし，加える水酸化ナトリウムの重さを増やした場合の温度変化を測定すると，以下の表の結果となりました。

水酸化ナトリウムの重さ [g]	1	2	3	4	5
水溶液の上昇温度 [℃]	2.6	5.2	X	10.4	13

【実験 2】加える水酸化ナトリウムの量を常に 1g とし，さまざまな水の量で温度変化を測定すると，以下の表の結果となりました。

水の体積 [cm³]	100	200	300	400	500
水溶液の上昇温度 [℃]	2.6	1.3	0.87	0.65	0.52

問1 表中の X にあてはまる数値を答えなさい。

問2 水酸化ナトリウム 6g を，ある体積の水に溶かすと，水溶液の温度が 2.6℃ 上昇しました。このときの水の体積は何 cm³ ですか。

II. 塩酸と水酸化ナトリウム水溶液を混ぜると，熱が発生し，水溶液の温度が上昇します。以下の実験 3~7 を行いました。ただし，発生した熱は，水溶液の温度を上げるのにすべて使われ，どの水溶液でも $1cm^3$ の温度を $1℃$ 上げるのに必要な熱量は同じであるとします。後の問いに答えなさい。

【実験3】ある濃さの水酸化ナトリウム水溶液 A に，ある濃さの塩酸 B を加え，混合溶液①~⑤を作りました。はじめに，A と B を混ぜたときの上昇した温度を測定しました。次に，リトマス試験紙を用いて水溶液の性質を調べました。さらに，各混合溶液を加熱して水を蒸発させて，出てきた固体の重さも測りました。以下はその実験結果です。

混合溶液	①	②	③	④	⑤
A の体積 [cm³]	25	25	50	50	100
B の体積 [cm³]	25	75	50	75	100
水溶液の上昇温度 [℃]	6.8	3.4	6.8	5.44	6.8
水溶液の性質	中性	酸性	中性	酸性	中性
固体の重さ [g]	1.45	1.45	2.9	2.9	5.8

【実験4】水酸化ナトリウム水溶液 A を 2 倍にうすめたもの $100cm^3$ と塩酸 B を 2 倍にうすめたもの $100cm^3$ を混ぜると $3.4℃$ 上昇しました。また，水酸化ナトリウム水溶液 A を 4 倍にうすめたもの $100cm^3$ と塩酸 B を 4 倍にうすめたもの $100cm^3$ を混ぜると，$1.7℃$ 上昇しました。

【実験5】水酸化ナトリウム水溶液 A $100cm^3$ を蒸発させると，$4g$ の水酸化ナトリウムが出てきました。

【実験6】水酸化ナトリウム水溶液 A $50cm^3$ に濃さの異なる水酸化ナトリウム水溶液 C $30cm^3$ を混ぜたものに，塩酸 B $60cm^3$ を加えると，中性になりました。

【実験7】塩酸 B $40cm^3$ に濃さの異なる塩酸 D $20cm^3$ を混ぜたものに，水酸化ナトリウム水溶液 A $70cm^3$ を加えると，中性になりました。

問3 塩酸と水酸化ナトリウム水溶液を区別する方法として適当でないものを次の(ア)〜
(オ)からすべて選び，記号で答えなさい。

(ア) みがいた鉄にそれぞれの水溶液を加える。

(イ) みがいたアルミニウムにそれぞれの水溶液を加える。

(ウ) 手であおいでにおいをかぐ。

(エ) 砂糖水にそれぞれの水溶液を入れる。

(オ) ガラス棒にそれぞれの水溶液をつけて，赤色リトマス紙につける。

問4 水酸化ナトリウム水溶液 A 75cm³ と塩酸 B 25cm³ を混ぜたあと，水を蒸発させる
と何 g の固体が出てきますか。小数第2位を四捨五入して答えなさい。

問5 水酸化ナトリウム水溶液 C 90cm³ に塩酸 D を何 cm³ 加えると，中性になりますか。

問6 問5のとき，水溶液の温度は何℃上昇しますか。小数第2位を四捨五入して答えな
さい。

5

次の文を読み，後の問いに答えなさい。

　「科学の父」と呼ばれるイタリアの科学者は，ピサの寺院の天井（てんじょう）からつるされている
ランプ(灯ろう)が左右にふれているようすを見たことがきっかけで，ふりこがふれる時間
に「きまり」があることを見つけだしました。

　ふりこの「きまり」について調べるために，さまざまな実験を行いました。

【実験1】図1のように，軽い糸のはしにおもり
　をつけ，もう一方のはしを天井に固定して
　ふりこをつくりました。糸の長さ(注1)は
　50cm，おもりの重さを10gにして，おも
　りのついた糸を自然に垂らした位置Oか
　ら，糸を張ったまま30°引き上げた位置P
　で手をはなします。

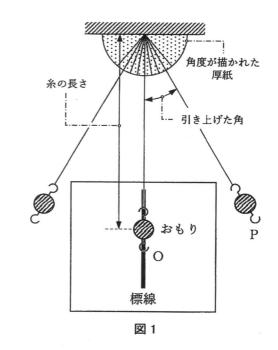

図1

　　ふりこが1往復する時間を測るため，位
　置Pで手をはなしてから10往復する時間
　(方法Ⅰ)と，位置Oをはじめて通過してか
　ら10往復する時間(方法Ⅱ)とを，それぞ
　れ5回ずつストップウォッチで調べて表
　にまとめました。ただし，位置Oがわかり
　やすいように，ふりこの後ろには標線（ひょうせん）(注2)
　を引いた紙をはりつけました。

(注1) 図1で示したように，おもりの中心までの長さを糸の長さという。

(注2) おもりのついた糸を自然に垂らしたときに，正面から見て糸の位置と一致（いっち）するよ
　　　うに引いた直線。糸が標線を通過したことで位置Oを通過したことがわかる。

	1回目	2回目	3回目	4回目	5回目	平均
方法Ⅰ	14.13	14.05	14.20	14.14	14.18	14.14
方法Ⅱ	14.15	14.12	14.16	14.13	14.14	14.14

※ 表の値の単位は秒である。

問1　本文中の下線部について，科学者の名前を答えなさい。

問2　上の実験結果から，方法Ⅰと方法Ⅱでは，方法Ⅰのほうが測定値のばらつきが大きいことがわかりました。この理由について述べた文として，最も適当なものを次の(ア)~(ウ)から1つ選び，記号で答えなさい。

　　(ア) おもりが点Pに近づくにつれて，動きが少しずつ遅くなるので，おもりが静止するタイミングが正確に判断しにくいため。

　　(イ) ふりこのふれはばが少しずつ変わるため，おもりが静止するタイミングを正確に判断しにくいため。

　　(ウ) ふりこが1往復する時間は常に変化するため。

問3　ふりこがふれる時間の「きまり」を調べるためには，方法Ⅰ，方法Ⅱのいずれが良いと考えられるか答えなさい。

【実験2】実験1でつくったふりこを利用して，1往復する時間と，おもりの重さ，引き上げた角度，ふりこの糸の長さとの関係を調べるため，さまざまに条件を変えてA~Gの実験を行いました。ただし，実験1の結果からわかった，より正確に測定できる方法で，10往復にかかる時間をストップウォッチでそれぞれ5回ずつ調べて，その平均値をまとめました。

	A	B	C	D	E	F	G
おもりの重さ [g]	10	10	10	20	30	40	50
引き上げた角度 [°]	15	15	25	15	25	15	25
ふりこの糸の長さ [cm]	50	100	50	25	50	80	100
10往復にかかる時間 [秒]	14.1	20.0	14.1	10.0	14.1	18.0	20.0

問4　実験を行うとき，おもりの重さは，糸のはしに10gのおもりを複数個つるして変化させました。このとき，おもりは上下に連ねてつるさず，一か所にまとめてつるさなければなりません。その理由を答えなさい。

連ねてつるす

一か所につるす

問5　（ア）おもりの重さ，（イ）引き上げた角度，（ウ）ふりこの糸の長さ，をそれぞれ変化させたとき，ふりこが1往復する時間がどのように変化するかを調べるためには，A~Gのうちどの2つを比べるとよいですか。それぞれA~Gの組み合わせで答えなさい。

問6　ブランコもふりこの一種で，それがふれる時間も，ふりこの「きまり」と同様に考えることができます。ブランコをはじめに引き上げる角度を同じにしてはなしたとき，立った場合と座った場合では，1往復にかかる時間が長くなるのはどちらか答えなさい。

6 　電池と豆電球を使用して回路を作り，豆電球の明るさを調べる実験を行いました。電池，豆電球はすべて同じものを使いました。回路は電気用図記号を用いて表し，回路図中の黒丸は，その場所に集まる導線をすべてつないでいることを示しています。後の問いに答えなさい。

　導線を使って，電池と豆電球を図1のようにつなぐと，電流が流れて豆電球が光ります。このときの豆電球の明るさを1とします。

　次に図2のように豆電球をつなぐと，それぞれの豆電球に流れる電流は図1の場合の $\frac{1}{2}$ となります。このとき，それぞれの豆電球の明るさは，$\frac{1}{2} \times \frac{1}{2} = \frac{1}{4}$ のように計算して求めます。また，このときの"回路全体の明るさ"は，$\frac{1}{4} + \frac{1}{4} = \frac{1}{2}$ のように計算して求めます。

　さらに，図3のように豆電球をつなぐと，それぞれの豆電球に流れる電流は図1の場合と同じなので，豆電球1個あたりの明るさは図1と変わりません。このときの"回路全体の明るさ"は $1 + 1 = 2$ のように求められます。

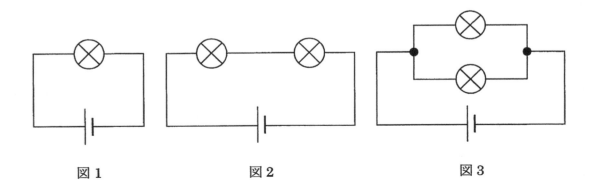

図1　　　　　　　　　図2　　　　　　　　　図3

電池と豆電球を，次の①～⑥のようにつないだ回路を用意しました。後の問1～3に答えなさい。

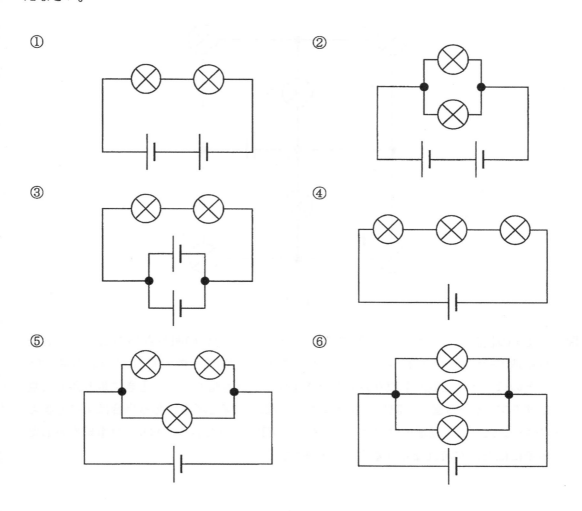

問1　豆電球1つの明るさが図1と同じになっているものがある回路を①～⑥からすべて選び，番号で答えなさい。

問2　①～⑥の回路のなかで，最も明るい豆電球を含む回路はどれですか。また，最も暗い豆電球を含む回路はどれですか。それぞれにあてはまる回路を①～⑥から1つずつ選び，番号で答えなさい。

問3　①～⑥の回路のなかで，"回路全体の明るさ"が最も明るい回路を1つ選び，番号で答えなさい。

電池と豆電球を，次の図4のようにつないだ回路を用意しました。後の問4に答えなさい。

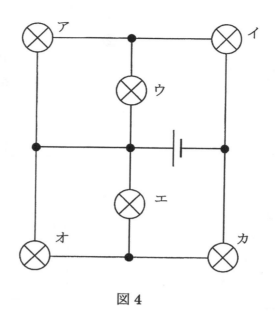

図4

問4　図4の状態から1つだけ豆電球を取り外し，"回路全体の明るさ"を記録することを豆電球ア～カについてすべて行いました。このとき"回路全体の明るさ"が最も暗くなったのは，どの豆電球を取り外したときですか。最も暗くなったときに取り外した豆電球をア～カから選び，記号で答えなさい。なお，答えが複数ある場合はすべて答えなさい。ただし，豆電球はソケットを使って回路につながっており，豆電球を外した場所には電流が流れなくなるものとします。

［このページに問題はありません。］

4 　1から99までの数字を1つずつ書いた99枚のカードがあり，図のように左上から順にすきまなく並べていきます。次の各問いに答えなさい。**(解答用紙には，答えのみを書きなさい。)**

　　　　例1　横が5列のとき　　　　　　　　例2　横が6列のとき

	1列	2列	3列		
1行	1	2	3	4	5
2行	6	7	8	9	10
3行	11	12	13	14	15
	16	17	18	19	20
	21	22	23	24	25

	1列	2列	3列			
1行	1	2	3	4	5	6
2行	7	8	9	10	11	12
3行	13	14	15	16	17	18
	19	20	21	22	23	24
	25	26	27	28	29	30

（1）　1から99までのカードをすべて並べたとき，全体が長方形になる並べ方は，横を何列にしたときですか。考えられるものをすべて求めなさい。ただし，横に並べるのは5列以上50列以下とします。

（2）　横に7列並べたとき，次の問いに答えなさい。

　（ア）　2列目の数字の和を7で割ったときの余りを求めなさい。

　（イ）　横にとなりあった2つの数字の積を7で割った余りが6になる組み合わせはいくつあるか求めなさい。

［このページに問題はありません。］

5 次の各問いに答えなさい。

（1） 1辺が 20cm の正方形 ABCD の辺 AB，BC の真ん中の点をそれぞれ M，N とします。この正方形 ABCD を，MN，ND，DM を折れ線にして折ると，点 A，B，C が重なって立体ができます。この立体の体積を求めなさい。

ただし，三角すいの体積は (底面積)×(高さ)÷3 で求められます。

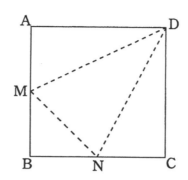

（2） 1辺が 20cm の立方体 ABCD－EFGH の辺 AD，AB の真ん中の点をそれぞれ M，N とします。この立方体を M，N，E を通る平面で切って 2 つの立体に分けます。このとき，大きい方の立体の表面積を求めなさい。

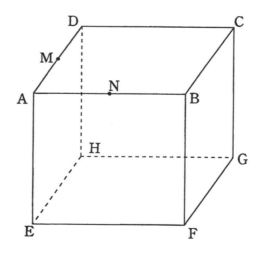

（3） 1辺が 20cm の立方体 ABCD－EFGH があります。3本の対角線 BE，BD，DE を赤線でかきます。3本の対角線 AF，AC，CF を青線でかきます。この立体を，すべての赤線を通る平面で切り，2つのうち大きい方の立体を，それに残っているすべての青線を通る平面で切ります。頂点 G を含む立体の体積を求めなさい。ただし，三角すいの体積は **(底面積)×(高さ)÷3** で求められます。

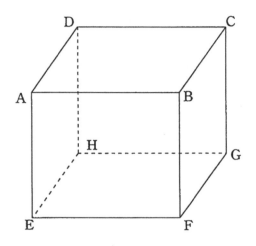

平成30年度

岡山白陵中学校入学試験問題

算　数

受験番号	

注　意　1.　時間は60分で100点満点です。
　　　　2.　問題用紙と解答用紙の両方に受験番号を記入しなさい。
　　　　3.　開始の合図があったら，まず問題が1ページから7ページまで，順になっているかどうかを確かめなさい。
　　　　4.　解答は解答用紙の決められたところに書きなさい。
　　　　5.　特に指示のない問いは，考え方や途中の式も書きなさい。

♯教英出版 編集部　注
　編集の都合上、空白ページは省略しています。

1

次の各問いに答えなさい。（**解答用紙には，答えのみを書きなさい。**）

（1） 次の計算をしなさい。

$$1+\frac{1}{2}-\frac{1}{3}+\frac{1}{4}-\frac{1}{5}+\frac{1}{6}$$

（2） 次の計算をしなさい。

$$\left(\frac{2}{3}+3\right)\div\left\{\left(30-7\div\frac{1}{4}\right)\times\left(\frac{1}{4}-\frac{1}{6}\right)\right\}$$

（3） 次の式の□に当てはまる数を求めなさい。

$$(5+\square)\times0.25-0.32\div\frac{8}{5}=1.6$$

（4） 100以上200以下の整数の中で，2で割りきれるか3で割りきれる整数は何個あるか求めなさい。

（5） 3点A，B，Cを頂点とする三角形は直角二等辺三角形，3点E，B，Dを頂点とする三角形は正三角形です。角アの大きさを求めなさい。

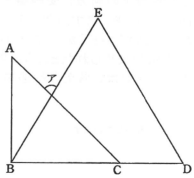

（6）　下の図の斜線部分(OA＝OB のおうぎ形)の面積を求めなさい。

　　（ただし，円周率は 3.14 とする。）

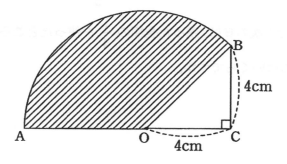

（7）　下の図の斜線部分の面積を求めなさい。

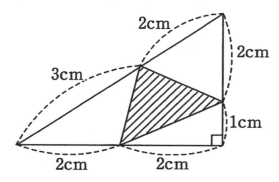

2 次の［Ⅰ］，［Ⅱ］に答えなさい。**(解答用紙には，答えのみを書きなさい。)**

［Ⅰ］

A君はお年玉をもらった。まずもらった金額の $\dfrac{1}{5}$ を使い，次の日は残った金額の $\dfrac{1}{6}$ を使った。さらにその次の日は，残った金額の $\dfrac{1}{4}$ を使ったところ，7500 円残った。最初にもらったお年玉はいくらですか。

平成30年度

岡山白陵中学校入学試験問題

理　科

| 受験 | |
| 番号 | |

注　意　1.　時間は60分で100点満点です。
　　　　2.　問題用紙と解答用紙の両方に受験番号を記入しなさい。
　　　　3.　開始の合図があったら，まず問題が1ページから20ページ
　　　　　　まで，順になっているかどうかを確かめなさい。
　　　　4.　解答は解答用紙の決められたところに書きなさい。

1 次の文を読み，後の問いに答えなさい。

　A君，B君，Cさん，Dさん，Eさんの5人は，小さくなってそれぞれ別の人体に無害なプラスチックでできたカプセルに入り，ヒトの血管内を旅行することになりました。5人が入っているカプセルには動力がないので，血液の流れにのって移動するしかなく，移動の速さは，血液の流れる速さと同じとします。また，血液の流れる速さは，毛細血管の中では非常に遅くなりますが，他の血管の中では全身のどこでも同じとします。

　5人のうちA君は右足首の太い静脈から，B君は左足首の太い動脈から，Cさんは左うでのひじにある太い静脈から，Dさんは左肺から出て太くなった血管から，Eさんは小腸から出て太くなった血管から注射器で血液中に入り，血液の流れにのって旅行をしました。5人は，同時に血管内に入り，旅行中はずっと血管内を流れていました。(1)周囲は液体で満たされていましたが，(2)円盤形をしているものに，たびたびぶつかりました。(3)それ以外に大きなものや小さなものに時々ぶつかりました。

問1　5人のうち最も早く心臓にたどり着いたのは誰か，答えなさい。

問2　A君，B君，Cさん，Dさんの4人のうち最も遅く心臓にたどり着いたのは誰か，答えなさい。

問3　右図は，ヒトの心臓の4つの部屋を体の腹側から見た模式図です。5人が最初に心臓にたどり着いたとき，それぞれがまず入った部屋の番号を①～④から選び，記号で答えなさい。

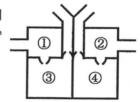

問4　5人のうち，最も早く肺にたどり着いたのは誰か，答えなさい。

問5　5人のうち，体内に入ってから，心臓にたどり着く前に毛細血管を通ったのは誰か，すべて答えなさい。

問6　酸素が多い血液は鮮やかな赤色に，酸素が少ない血液は暗い赤色に見えます。5人が血管内に入ったとき，血液が鮮やかな赤色に見えたのは誰か，すべて答えなさい。

問7　下線部(1)で，血液の液体成分の名前を答えなさい。

問8　下線部(2)で，円盤形をしているものの名前を答えなさい。

問9　下線部(3)で，血管内を流れている，大きなものと小さなものの，それぞれの名前を
　　　答えなさい。

2 植物の種子に関する，次の問いに答えなさい。

問1 植物は受粉したのちに種子ができます。次の植物の中で雄花・雌花に分かれている
ものを(ア)〜(オ)から2つ選び，記号で答えなさい。
(ア) ホウセンカ　　　　(イ) ヘチマ　　　　　　(ウ) トウモロコシ
(エ) アサガオ　　　　　(オ) ヒマワリ

問2 一般に"たね"と呼ばれるものには，種子の場合と実の場合があります。次の植物の
"たね"を大きい順に並べたとき，2番目にくるものを(ア)〜(エ)から1つ選び，記号で
答えなさい。
(ア) アサガオ　　　(イ) ピーマン　　　(ウ) ヒマワリ　　　(エ) ホウセンカ

問3 インゲンマメの種子について，下表の①〜④の条件で実験を行いました。

[実験]　ペトリ皿に脱脂綿をしき，水や肥料を加え，インゲンマメの種子を置いて発
芽するかどうか調べる実験を行いました。なお，下の表にあげた条件以外はす
べて同じにしています。

条件	①	②	③	④
温度(℃)	20	20	20	5
水	種子が半分つかる程度	種子が半分つかる程度	種子が完全に沈む程度	種子が半分つかる程度
肥料	あり	なし	あり	あり
結果	発芽した	発芽した	発芽しなかった	発芽しなかった

この実験について，次の(1)〜(3)のことがわかる条件，あるいは条件の組み合わせ
として正しいものを後の(ア)〜(コ)から1つずつ選び，記号で答えなさい。
(1) 発芽には，適する温度がある。
(2) 発芽には，空気が必要である。
(3) 発芽には，肥料の有無は関係ない。

(ア) ①　　　　(イ) ②　　　　(ウ) ③　　　　(エ) ④　　　　(オ) ①と②
(カ) ①と③　　(キ) ①と④　　(ク) ②と③　　(ケ) ②と④　　(コ) ③と④

問4 次の[実験]を読み，後の(1)，(2)に答えなさい。

[実験] オオムギの種子は図1のようになっています。オオムギの種子を半分に切って，
胚のある側とない側に分けました。胚はオオムギの種子が発芽した時に根・茎・葉
になる部分で，胚乳にはでんぷんが含まれています。

　ペトリ皿AとBを用意して，種子が完全につからない程度に水を入れました。
そして図2のように，ペトリ皿Aに胚のある側を，ペトリ皿Bに胚のない側をし
ばらく置きました。すると，ペトリ皿Aでは発芽し，ペトリ皿Bでは発芽しませ
んでした。そこで，でんぷんがあると青紫色になる薬品Xをペトリ皿AとBの
種子につけました。

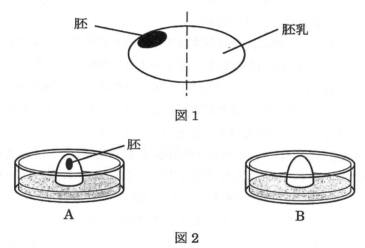

図1

図2

(1) 下線部の薬品Xの名前を答えなさい。

(2) 薬品Xを種子につけた後，種子の色はどのように変化しますか。次の(ア)~(エ)か
ら最も適当なものを1つ選び，記号で答えなさい。
(ア) ペトリ皿Aの種子だけが青紫色になった。
(イ) ペトリ皿Bの種子だけが青紫色になった。
(ウ) ペトリ皿AとBの両方の種子が青紫色になった。
(エ) ペトリ皿AとBの両方の種子が青紫色にならなかった。

3 次の文は，学校近くの崖を観察しながら行われた，「地層」についての太郎くんと
先生の会話です。会話文を読み，後の問いに答えなさい。

太郎 　地層を観察すれば，その地層ができた時代のことがわかるんですよね。

先生 　そうですね。地層は，海底や湖底などでできていきます。川の流れなどで運ばれ
た土砂やれきが積もっていくのですね。通常（　1　）に重なっていきますから，
①から⑥の層の中では，最も古い地層は（　2　）ということになりますね。

太郎 　③の層からはどのようなことがわかりますか。

先生 　この層は，凝灰岩の層ですね。

太郎 　では，この層ができた時代には，火山の噴火があったことがわかるのですね。

先生 　そのとおりです。このように，他と区別しやすく地層のつながりを知る手がかり
となる層を「かぎ層」と言います。
　では次に，X－Yを境に，地層がずれていることが観察できますね。これはこの
近くの地下に左右から力が加わり，図1のように地層がずれたことを意味していま
す。もともとは，④と⑦，⑤と⑧，⑥と⑨の層は同じ層だったのですね。

太郎 　地下に大きな力が加わって地層がずれたということは，このずれができたときに
は，この周辺で大きな地震があったということですか。

先生 　そうですね。2007年7月に起きた新潟県中越沖地震は，同じしくみで起こった
と言われています。このような地層のずれのことを（　A　）といいます。図2の
ような（　A　）のことを「逆（　A　）」，図3のような（　A　）のことを「正
（　A　）」といいます。他にも，水平な地層に左右から力が加わると，地層が波
打つように曲がり，図4のようになることがあります。これをしゅう曲といいま
す。⑩の部分はそうしてできたものですね。

太郎 　④と⑦の層は，ずれているのに，③の層が水平になっているのはどうしてですか。

先生 　地面が盛り上がるか，水面が下がるか，どちらかの現象が起こったのでしょう。
④の層と⑦の層が水中から地表に出たということです。それによって，層ができ
るのが一度中断したのだと思われますね。そして波や風雨で表面が削られて平ら
になったのですね。その後また，地面が下がるか，水面が上がるかしたことで，
再び水中に沈み，層ができはじめたということでしょう。こうやって一度層がで
きることが中断し，地層が不連続になることを不整合，その境界面を不整合面と
いいます。

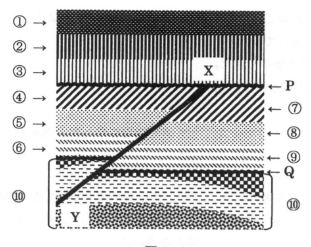

図１

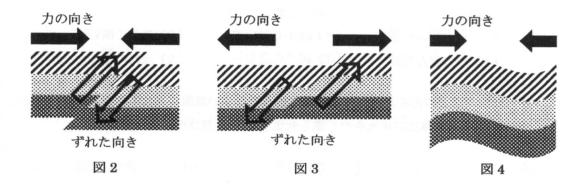

図２　　　　　　　　図３　　　　　　　　図４

問１　会話文中の（　１　）にあてはまるものとして，最も適当なものを，次の(ア)～(カ)
　　から，および，（　２　）にあてはまる層として，最も適当なものを，図１の①～⑥か
　　ら選び，記号で答えなさい。

　　（ア）　下から順

　　（イ）　上から順

　　（ウ）　重いものから順

　　（エ）　軽いものから順

　　（オ）　粒の大きいものから順

　　（カ）　粒の小さいものから順

問２　（　Ａ　）にあてはまる語を答えなさい。

問3　次の(ア)～(ウ)が起こった順を正しく並べ，記号で答えなさい。
　　(ア)　X－Yの境ができた。
　　(イ)　Pの不整合面ができた。
　　(ウ)　Qの不整合面ができた。

問4　この土地は，現在を含め少なくとも何回陸地になったと考えられますか。その回数を答えなさい。

問5　太郎くんは，この観察中にサンゴなどの化石が積もってできた地層も観察することができたので，その岩石を持ち帰り，実験を行いました。サンゴなどの化石が積もってできた地層について次の問いに答えなさい。

　(1)　この層ができた時代には，この辺りはどのような環境であったことがわかりますか。次の(ア)～(カ)から選び，記号で答えなさい。
　　　(ア) 藻が茂った沼　　　(イ) 暖かく浅い海　　　(ウ) 冷たく深い海
　　　(エ) 水の澄んだ湖　　　(オ) 流れの急な川　　　(カ) 流れの穏やかな川

　(2)　サンゴなどの化石が積もってできた岩石をうすい塩酸に入れると，気体が発生します(その気体は石灰水を白く濁らせます)。その気体の名前を答えなさい。

　(3)　(2)の気体の性質として適当でないものを，次の(ア)～(エ)から選び，記号で答えなさい。
　　　(ア) 水に溶かすと酸性を示す。
　　　(イ) 空気より重い。
　　　(ウ) ものが燃えるのを助ける働きがある。
　　　(エ) 色もにおいもない。

(4)　「炭酸カルシウム」という物質をうすい塩酸に溶かすと，(2)の気体が発生します。下のグラフは，様々な重さの炭酸カルシウムをうすい塩酸 100mL に完全に溶かしたときに発生した(2)の気体の体積をグラフに表したものです。

　　太郎くんが持ち帰った岩石のなかには炭酸カルシウムが含まれており，それがうすい塩酸に溶けて(2)の気体が発生します。この岩石に含まれるもののうち，炭酸カルシウム以外はうすい塩酸とは反応しないものとします。

　　この岩石 1g をうすい塩酸に入れ，岩石に含まれる炭酸カルシウムをすべて溶かしたとき，(2)の気体が 200mL 発生しました。岩石の重さの何%が炭酸カルシウムであったと考えられますか。

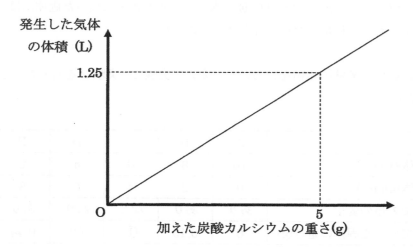

4 後の問いに答えなさい。

　ある濃さの塩酸（ X 液 ）と，ある濃さの水酸化ナトリウム水溶液（ Y 液 ）を下の表のように試験管 A～F にはかりとって混ぜ合わせ，[実験 1]，[実験 2]を行いました。

[実験 1]　各溶液を，青色リトマス紙と赤色リトマス紙にそれぞれつけて，色の変化を観察しました。

[実験 2]　実験 1 の後，各溶液を蒸発皿にとり，ガスバーナーで加熱して水分をなくし，残った固体の重さをはかりました。B，C の水分をなくした後に残った固体は，食塩のみでした。また，D，E の水分をなくした後に残った固体には，食塩のほかにもう 1 種類の物質が含まれていました。

　下の表は X 液と Y 液の体積をいろいろと変えて実験 1，実験 2 を行ったときの結果を示しています。

試験管	A	B	C	D	E	F
X 液の体積(cm³)	10	8	6	4	2	0
Y 液の体積(cm³)	0	2	4	6	8	10
実験 1 での色の変化	あり	あり	なし	あり	あり	あり
実験 2 で残った固体の重さ(g)	0	0.15	①	②	0.44	0.51

問 1　実験 1 のリトマス紙の代わりに BTB 溶液を加えると，溶液 B・D では何色になりますか。それぞれ答えなさい。

問 2　表中の①，②にあてはまる数字を答えなさい。

問 3　X 液の濃さを 0.25 倍にして 12cm³ とり，その溶液に Y 液の濃さを 2 倍にした溶液を加える場合，何 cm³ 加えたら中性になりますか。

問 4　問 3 の濃さの塩酸 12cm³ に問 3 の濃さの水酸化ナトリウム水溶液を 3.5cm³ 加えました。この水溶液の水分をなくして，残った固体の重さを測ると，何 g になりますか。

[このページに問題はありません]

5 後の問いに答えなさい。

次の図は岡山でのある日の，太陽が昇る様子です。この日以降，日の出の方位は東に近づいていきました。

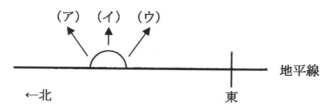

問1　この日，太陽はどの方向に昇っていきますか。図中の(ア)〜(ウ)から選び，記号で答えなさい。

問2　この日は，1年のうちいつ頃だと考えられますか。次の(ア)〜(エ)から選び，記号で答えなさい。
　　(ア) 3月　　　　　　(イ) 6月　　　　　　(ウ) 9月　　　　　　(エ) 12月

問3　この日の月が南中した(真南にきた)時の形は　⌡) でした。日の出と月の出の時刻の差は約何時間ですか。次の(ア)〜(オ)から最も近いものを選び，記号で答えなさい。
　　(ア) 0時間(同時)　　(イ) 1時間　　(ウ) 3時間　　(エ) 6時間　　(オ) 12時間

問4　この日，太陽が南中した時の高度は，春分の日と比べてどのようになっていますか。次の(ア)〜(ウ)から選び，記号で答えなさい。
　　(ア) 高い　　　　　　(イ) 低い　　　　　　(ウ) 同じ

問5　この日，日の出から日の入りまでの時間として，最も近いものを次の(ア)〜(オ)から選び，記号で答えなさい。
　　(ア) 6時間　　(イ) 9時間　　(ウ) 12時間　　(エ) 15時間　　(オ) 18時間

5
20点

(1)

%

(2)

分

(3)

%

受験
番号

得
点   ※100 点満点

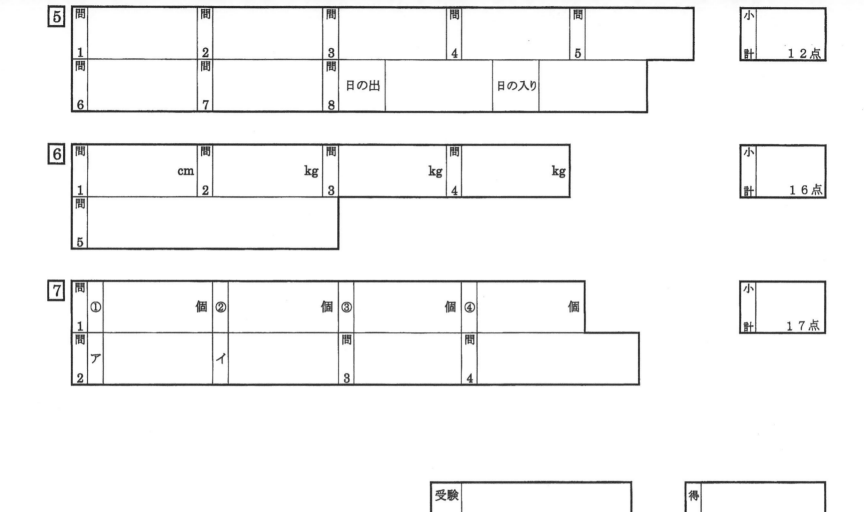

| 5 | 問1 | | 問2 | | 問3 | | 問4 | | 問5 | | 小計 | 12点 |

| 問6 | | 問7 | | 問8 | 日の出 | | 日の入り | |

| 6 | 問1 | cm | 問2 | kg | 問3 | kg | 問4 | kg | 小計 | 16点 |

| 問5 | |

| 7 | 問1 | ① | 個 | ② | 個 | ③ | 個 | ④ | 個 | 小計 | 17点 |

| 問2 | ア | イ | 問3 | | 問4 | |

受験番号

得点　※100点満点

2018(H30) 岡山白陵中

K 教英出版

平成30年度　岡山白陵中学校入学試験　理 科 解 答 用 紙

1

問1		問2		問3	A	B	C	D	E

問4		問5		問6		問7	

問8		問9	大きなもの		小さなもの	

小計　16点

2

問1		問2		問3	(1)	(2)	(3)

問4	(1)		(2)	

小計　11点

3

問1	(1)		問2	(2)		問3	→	→

問4		回	問5	(1)		(2)		(3)		(4)	%

小計　16点

4

問1	B		D		問	①		②		問	cm³	問	g

小

平成 30 年度　岡山白陵中学校入学試験

算 数 解 答 用 紙

1 28点

(1)	(2)	(3)	(4) 個

(5) °	(6) cm²	(7) cm²

2 15点

[Ⅰ] 円	[Ⅱ] (1) cm³	(2) cm²

3 21点

(1)

時速　km

(2)

m

(3)

秒

4 16点

(1) 通り	(2) (ア) 通り	(イ) 通り	(ウ) 通り

問6　この日，太陽が沈む方位として最も近いものを図の(ア)～(ウ)から選び，記号で答えなさい。

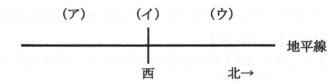

問7　この日，真夜中に南の空に見える星座は何ですか。次の(ア)～(エ)から選び，記号で答えなさい。

(ア) さそり座　　　　(イ) おおぐま座　　　(ウ) こと座　　　　　(エ) オリオン座

問8　岡山で太陽が真東から昇る日に，沖縄では，日の出と日の入りの方位は，岡山と比べてどのようになっていますか。それぞれ(ア)～(ウ)から選び，記号で答えなさい。

[日の出]　　(ア) 岡山より北寄り　　(イ) 岡山より南寄り　　(ウ) 岡山と同じ

[日の入り]　(ア) 岡山より北寄り　　(イ) 岡山より南寄り　　(ウ) 岡山と同じ

6 　図1のように上面が長方形で，幅 80cm，奥行 60cm の机と，長さ160cm，重さ 1.2kg，中心 G の棒 EF を用意しました。棒は細くて曲がらず，どこも同じ材質（同じ体積なら同じ重さ）で太さが一定です。棒全体の重さは G に集まり，ほかの部分は重さが無視できるものとします。

　はじめ，机の上に，棒を AB と平行になるようにして，O（対角線 AC と BD の交点）に G が重なるように置きます。また，棒を動かしたときにも，棒の一部は必ず O の上にあるものとします。AO＝BO＝CO＝DO＝50cm です。後の問いに答えなさい。

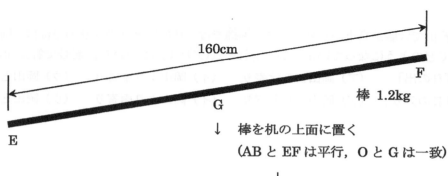

↓　棒を机の上面に置く
　（AB と EF は平行，O と G は一致）

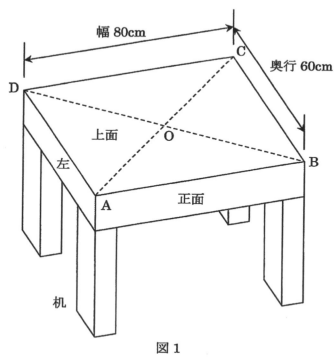

図 1

問1　図2のように，棒をGを中心に回転させたり，その時点で棒の向いている方向にすべらせたりして机の上で移動させました。移動した後に棒が傾かなかったとき，Oと棒の中心Gは最大で何 cm はなれていますか。

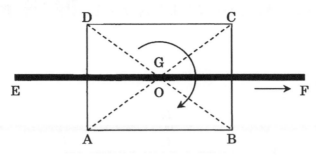

図2　机と棒を真上から見た図

問2　はじめの状態に戻して，図3のように棒の端Eにひもでバケツをつるします。バケツとひもを合わせた重さが 0.4kg のとき，バケツに石を入れていくと，棒が傾かないのは石の重さが何 kg までですか。

石を入れる

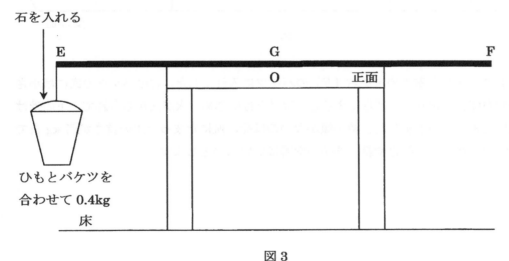

ひもとバケツを
合わせて 0.4kg
床

図3

問3　はじめの状態に戻して，下の図4のように棒の両端E，Fに，問2と同じひもで問2と同じバケツをつるします。棒が傾かないように手で支えて，左（E）のバケツに2.3kgの石を入れ，右（F）のバケツには氷の塊を入れました。手をはなしたとき，氷の重さが何kgより重いと棒が傾きますか。ただし，結露や霜，蒸発の影響はないものとします。

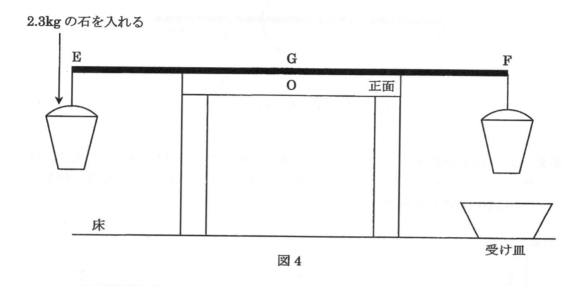

2.3kgの石を入れる

E　　　　　　　　　　　　G　　　　　　　　　　　　F

O

正面

床

受け皿

図4

問4　問3で求めた重さの氷を右（F）のバケツに入れました。右のバケツの底には小さな穴が開いており，しばらくすると，氷がとけはじめ，水が穴からもれて，下の受け皿にたまっていきました。棒が傾かないのは受け皿にたまった水の重さが何kgまでですか。ただし，結露や霜，蒸発の影響はないものとします。

問5　はじめの状態に戻して，棒の両端 E，F に，問 4 と同じひもで問 4 と同じバケツを
　　つるします。左（E）のバケツに 2.3kg の石を入れ，右（F）のバケツには棒が傾か
　　ないように，氷の塊を入れました。氷が全てとけた後に，棒が傾かないようにするた
　　めには，棒を左右どちらへ何 cm 動かしておけばよいですか。　次の(ア)〜(ク)から棒
　　が傾かないものをすべて選び，記号で答えなさい。

　　(ア) 左に 1cm 動かす
　　(イ) 左に 2cm 動かす
　　(ウ) 左に 3cm 動かす
　　(エ) 左に 4cm 動かす
　　(オ) 右に 1cm 動かす
　　(カ) 右に 2cm 動かす
　　(キ) 右に 3cm 動かす
　　(ク) 右に 4cm 動かす

　　電池と豆電球，発光ダイオードを使用して回路を作り，光るかどうか調べる実験をしました。後の問いに答えなさい。

　導線を使って，発光ダイオードを図1のようにつなぐと，電流が流れて発光ダイオードが光ります。しかし，図2のように，発光ダイオードの向きを逆にすると電流が流れず，発光ダイオードは光りません。回路図中の，ダイオードや電池をつなぐ線は導線を，黒丸はその場所に集まる導線をすべてつないでいることを示しています。

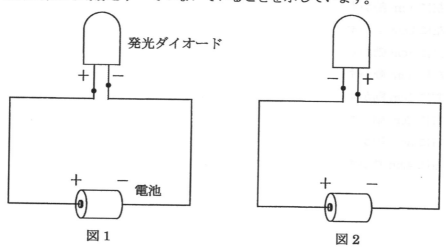

また，図1，2を電気用図記号を用いて表したのが，それぞれ図3，4です。

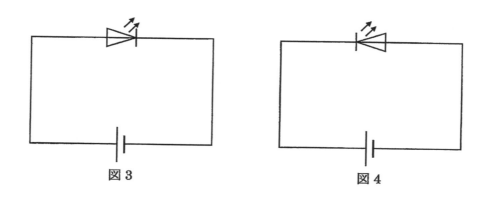

問1　発光ダイオードを，次の①～④のようにつないだ回路を用意しました。それぞれの
　　　回路で，光る発光ダイオードの個数を答えなさい。光る発光ダイオードがない場合に
　　　は，解答らんに 0 と記入しなさい。

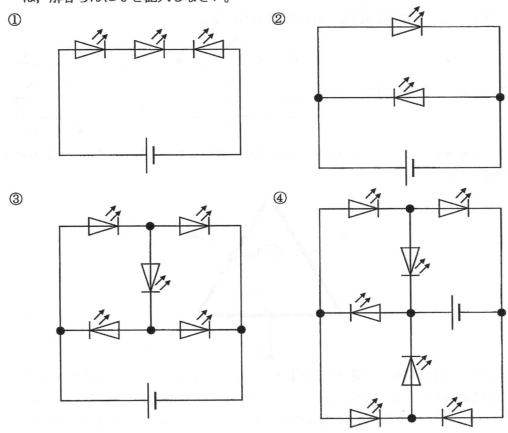

問2　発光ダイオードが次の図のようにつながれた回路 1 を用意しました。電池につなが
　　　る導線を，どこにつなぐと発光ダイオードがすべて光りますか。電池から出る導線の
　　　端アとイをつなぐ場所を，回路 1 のウ～オからそれぞれ選び，記号で答えなさい。

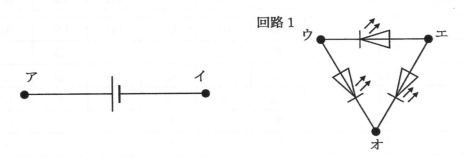

次に，下図のように電池と豆電球を導線でつないだものと，中の配線がどのようになっているか分からない2つの箱Ⅰ・Ⅱを用意しました。これらの箱からは3つの端子が出ていて，箱は電気を通さない材料でできています。この3つの端子から2つを選び，その2つの端子に電池と豆電球を直列につなぐ実験を行いました。

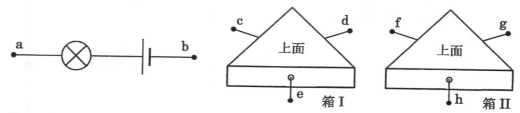

箱Ⅰの上面を開けたところ，次の図のようになっていることが分かりました。図の中で太い黒線は箱を示します。

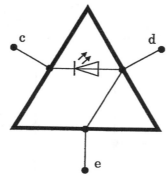

問3　箱Ⅰの端子に電池と豆電球を直列につないだものを順につなぎ，豆電球が光るかどうかを調べると，どのようになりますか。次の表の，豆電球が光るかどうかのらんの(1)〜(6)にあてはまる，○×の組み合わせを下の(ア)〜(オ)から1つ選び，記号で答えなさい。表の○と×は，豆電球が光れば○，光らなければ×が記入されています。

表

aをつないだ先	端子c	端子d	端子c	端子e	端子d	端子e
bをつないだ先	端子d	端子c	端子e	端子c	端子e	端子d
豆電球が光るかどうか	(1)	(2)	(3)	(4)	(5)	(6)

	(1)	(2)	(3)	(4)	(5)	(6)
(ア)	×	○	×	×	○	○
(イ)	○	×	○	○	○	○
(ウ)	○	×	×	○	×	○
(エ)	×	○	×	○	○	○
(オ)	×	○	×	×	○	×

問4 箱 II に電池と豆電球を直列につないだものを順につなぎ，豆電球が光るかどうか
　　を調べたところ，次の表の通りになりました。表の○と×は，豆電球が光れば○，光
　　らなければ×が記入されています。

a をつないだ先	端子 f	端子 g	端子 f	端子 h	端子 g	端子 h
b をつないだ先	端子 g	端子 f	端子 h	端子 f	端子 h	端子 g
豆電球が光ったかどうか	×	○	×	○	×	○

　　このとき，箱 II の上面を開けると，中で導線と発光ダイオードはどのようにつなが
　　れていますか。次の(ア)～(カ)から，箱 II の中の様子として適当なものをすべて選
　　び，記号で答えなさい。図の中で太い黒線は箱を示します。

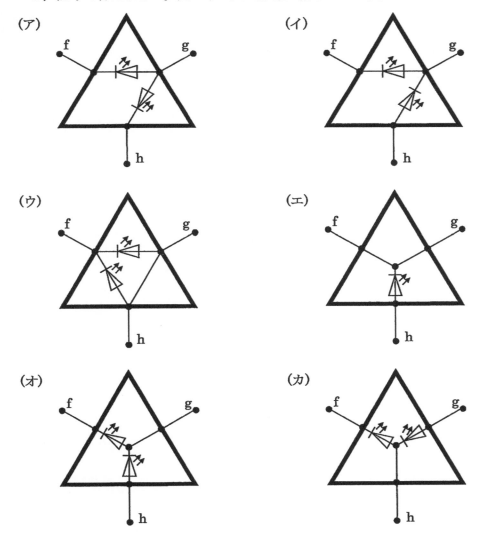

－20－

［Ⅱ］

　底面の円の半径が 2cm の円柱 2 つと，底面の円の半径が 5cm で高さが 10cm の
円柱を下の図のように組み合わせた。この図形について次の各問いに答えなさい。
（ただし，円周率は 3.14 とする。）

（1）　体積を求めなさい。

（2）　表面積を求めなさい。

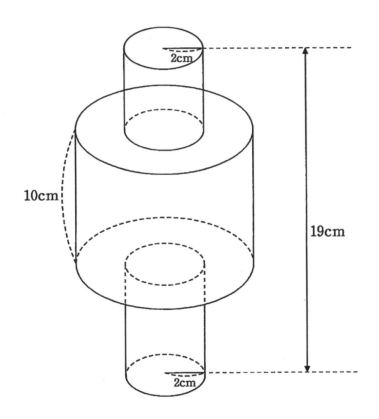

3 一定の速さで移動する電車が，長さ 580m の鉄橋 A をわたり始めてからわたり終わるまでに 41 秒かかった。この電車が同じ速さで，長さ 1430m の鉄橋 B をわたり始めてからわたり終わるまでに 1 分 15 秒かかった。次の各問いに答えなさい。

（1） この電車の時速を求めなさい。

（2） この電車の長さを求めなさい。

（3） この電車が同じ速さで，長さ 1005m の鉄橋 C をわたり始めてからわたり終わるまでに何秒かかりますか。

4 次の各問いに答えなさい。(解答用紙には，答えのみを書きなさい。)

(1) 出席番号1，2，3の3人が，それぞれ各自の座布団に座っている。この状態から3人全員が移動して3人とも他の人の座布団に座る方法は何通りあるか求めなさい。

(2) 出席番号1，2，3，4，5の5人が，それぞれ各自の座布団に座っている。それぞれの座布団に①，②，③，④，⑤と，座っている人の出席番号と同じ番号をつける。この状態から移動して他の人の座布団に座る方法が何通りあるか次の方法で考える。

(ア) 出席番号1の人が座布団②に，出席番号2の人が座布団①に座るとき，他の3つの座布団において残りの3人とも出席番号と異なる番号の座布団に座る方法は何通りあるか求めなさい。

(イ) 出席番号1の人が座布団②に座り，出席番号2の人が座布団③，④，⑤のどれかに座るとき，出席番号2から5の4人とも出席番号と異なる番号の座布団に座る方法は何通りあるか求めなさい。

(ウ) 5人とも出席番号と異なる番号の座布団に座る方法は何通りあるか求めなさい。(必要ならば (ア),(イ) の考え方を利用してもよい。)

5 濃さが5%の食塩水を1分間に40g入れる管Aと，濃さが8%の食塩水を1分間に25g入れる管Bがある。濃さが10%の食塩水100gが入った容器に管A，Bを使って食塩水を入れていくとき，次の各問いに答えなさい。ただし，食塩水は容器からあふれないものとする。

（1）　Aのみで10分間食塩水を入れたとき，容器の食塩水の濃さを求めなさい。

（2）　Aのみで食塩水を入れた後，Bのみで食塩水を入れた。合計で9分間食塩水を入れたとき，容器の食塩水の濃さは7%となった。Aで食塩水を入れたのは何分間か求めなさい。

（3）　AとBの両方を使い食塩水を入れた後，Aのみで食塩水を入れ，その後Bのみで食塩水を入れた。Aを使っていた時間が，Bを使っていた時間の1.25倍で合計35分間食塩水を入れたとき，容器の食塩水が1600gになった。このとき,容器の食塩水の濃さがいくらになったか求めなさい。

平成29年度

岡山白陵中学校入学試験問題

算　数

受験	
番号	

次の各問いに答えなさい。（**解答用紙には，答えのみを書きなさい。**）

（1） $1\dfrac{3}{4} \div \left(\dfrac{13}{3} - 0.25\right) - \left(\dfrac{1}{2} - \dfrac{3}{8} \div 1.75\right)$ を計算しなさい。

（2） 次の式の□に当てはまる数を求めなさい。

$$25 - \left(□ \div \dfrac{2}{7} - 5\right) \div 0.5 = 11$$

（3） 1，2，2，2，3，3，3，3，3，4，4，4，4，4，4，4，・・・のように左から順に1が1個，2が3個，3が5個，4が7個，・・・と並んでいます。左から数えて100番目の数字を求めなさい。

（4） 赤，青，黄，白，黒の5色の玉が1個ずつあります。これらを3個と2個の2つのグループに分ける方法は何通りありますか。

（5） 次の図は長方形を対角線で折り返したものです。角アの大きさを求めなさい。

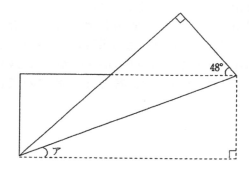

（6） 次の長方形の紙を①，②，③の順に折り曲げます。斜線部分(正方形)の面積を求めなさい。

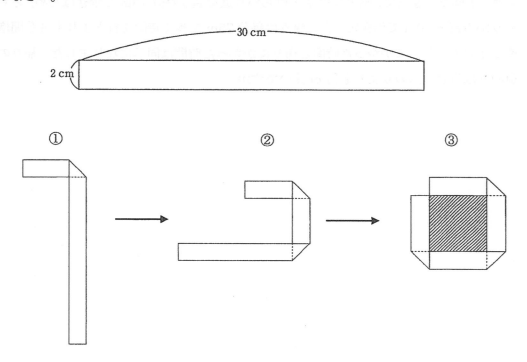

（7） 次のような直方体があります。3点A，B，Cを通る平面と3点D，E，Fを通る平面で切断し，3つの立体に分けます。もっとも大きい立体の体積を求めなさい。

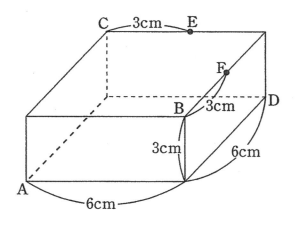

2　次の〔Ⅰ〕，〔Ⅱ〕に答えなさい。（解答用紙には，答えのみを書きなさい。）

〔Ⅰ〕

　家から公園まで，行きは毎分75mで歩きはじめ，とちゅうから毎分60mで歩きました。公園から家まで，帰りは行きとはちがう道を通り毎分75mで歩きはじめ，とちゅうから毎分60mで歩きました。帰りは毎分75mで歩く時間を行きよりも8分間増やしたので，行きにかかった時間と帰りにかかった時間は同じになりました。帰りの道のりは行きの道のりよりも何m長いですか。

[Ⅱ]

　ある商品を1個1000円で300個仕入れました。1日目は40%の利益を見こんで定価をつけましたが，全部を売ることはできませんでした。そこで，2日目は残りの商品を定価の2割引きにしたところ，すべて売ることができ，2日間で94800円の利益がありました。このとき，次の各問いに答えなさい。

（1）　2日目は，商品1個あたりの利益は何円ですか。
（2）　1日目に売れた商品の個数は何個ですか。

3

　下の図のようなふたのない 3 つの直方体の容器ア，イ，ウがあります。これらの容器は，側面の厚みも底の厚みもともに 1cm です。アの容器をイの容器に入れ，それをウの容器に入れます(図 A)。アの容器の真上から，毎秒 3cm³ の割合で水を入れます。ただし，容器は水に浮かないものとします。次の各問いに答えなさい。

（1）　アの容器が水で満たされるのは水を入れ始めてから何秒後ですか。

（2）　アの容器が水で満たされると，水があふれてイの容器に入っていきます。
　　　イの容器が水で満たされるのは水を入れ始めてから何秒後ですか。

（3）　アとイの容器が水で満たされると，水があふれてウの容器に入っていきます。
　　　ウの容器が水で満たされるのは水を入れ始めてから何秒後ですか。

（4）　ウの容器が水で満たされたら水を入れるのをやめて，どの容器からも水がこぼれないようにアとイの容器を取り出します。アとイの中の水をウに移すとウの容器の水の深さは何 cm になりますか。
　　　（小数第 2 位を四捨五入して，小数第 1 位まで求めなさい。）

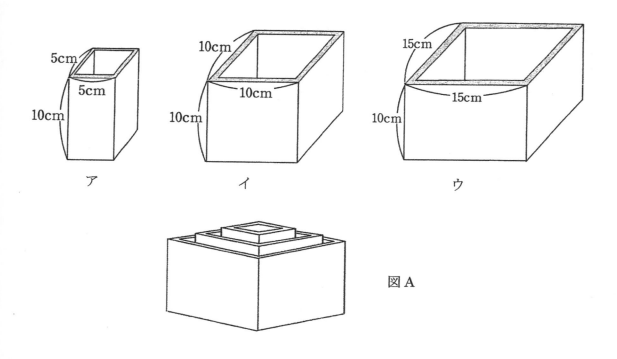

図 A

平成29年度

岡山白陵中学校入学試験問題

理　　　科

注　意　　1.　時間は60分で100点満点です。
　　　　　2.　問題用紙と解答用紙の両方に受験番号を記入しなさい。
　　　　　3.　開始の合図があったら，まず問題が1ページから16ページ
　　　　　　　まで，順になっているかどうかを確かめなさい。
　　　　　4.　解答は解答用紙の決められたところに書きなさい。

1

次のⅠ，Ⅱに答えなさい。

Ⅰ．植物について，次の問いに答えなさい。

問1　次の植物を，芽が出たときの子葉に注目した場合，1つだけ特徴の異なる植物があります。その植物を選び，記号で答えなさい。

(ア) トウモロコシ　　(イ) インゲンマメ　　(ウ) ダイコン
(エ) ホウセンカ　　(オ) ヒマワリ

問2　次の植物を，葉脈（葉のすじ）に注目した場合，1つだけ特徴の異なる植物があります。その植物を選び，記号で答えなさい。

(ア) ホウセンカ　　(イ) アサガオ　　(ウ) キャベツ
(エ) チューリップ　　(オ) ヒマワリ

問3　次の植物の中から，茎がつるにならない植物をすべて選び，記号で答えなさい。

(ア) ヘチマ　　(イ) ヨモギ　　(ウ) アサガオ
(エ) ナズナ　　(オ) キュウリ

問4　最も大きくなったときの草丈が最も高い植物を，次の中から選び，記号で答えなさい。なお，草丈とは，地面から茎や花の最も高い位置までの長さとします。

(ア) チューリップ　　(イ) タンポポ　　(ウ) アブラナ
(エ) シロツメクサ　　(オ) マリーゴールド

問5 次の植物を，花が咲く季節に注目した場合，1つだけ時期の異なる植物があります。その植物を選び，記号で答えなさい。ただし，一般的な時期を考えるものとします。

(ア) チューリップ　　　(イ) サクラ　　　　　(ウ) コスモス
(エ) アブラナ　　　　　(オ) ホトケノザ

問6 次の植物のうち，雌花と雄花の2種類の花が咲く植物をすべて選び，記号で答えなさい。

(ア) ホウセンカ　　　(イ) アブラナ　　　　(ウ) ヒマワリ
(エ) ヘチマ　　　　　(オ) カボチャ　　　　(カ) アサガオ

問7 次の植物のうち，種が最も大きいのはどれですか，記号で答えなさい。ただし，実（果実）と種が離れにくく，区別がつきにくい場合は，実と種は同じ大きさとします。

(ア) ホウセンカ　　　(イ) トマト　　　　　(ウ) タンポポ
(エ) アサガオ　　　　(オ) ヒマワリ

問8 次の文のうち，正しいものをすべて選び，記号で答えなさい。

(ア) ホウセンカは，子葉と葉が同時に出る。
(イ) ホウセンカは，葉が出てから子葉が出る。
(ウ) トウモロコシの雌しべは，実より長い。
(エ) トウモロコシの雄花は，雌花より高い位置につく。
(オ) トウモロコシは，花粉が雌しべにつかなくても実ができる。
(カ) ヘチマは，花粉が雌しべにつかなくても実ができる。

－2－

Ⅱ．池の水を顕微鏡で見ると，図1のような4種類の生物が観察されました。次の問い
　に答えなさい。

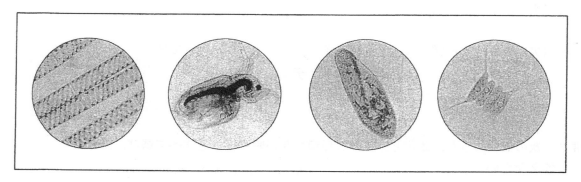

図1

問9　顕微鏡の使い方として正しいものを次の中から1つ選び，記号で答えなさい。

　　（ア）接眼レンズを対物レンズより先に取り付ける。
　　（イ）まず対物レンズの倍率が高いものから用いて，観察を始める。
　　（ウ）接眼レンズをのぞきながら，のせ台（ステージ）を対物レンズにゆっくりと
　　　　近づける。
　　（エ）接眼レンズの倍率が 10 倍で対物レンズの倍率が 15 倍であるとき，顕微鏡の
　　　　倍率は25倍である。

問10　顕微鏡で観察された図1の生物の名前の組み合わせとして，正しいものを次の中
　　から選び，記号で答えなさい。なお，図1の順には並んでいません。

　　（ア）ツリガネムシ　　ミジンコ　　ワムシ　　ゾウリムシ
　　（イ）クンショウモ　　ワムシ　　アオミドロ　　イカダモ
　　（ウ）ボルボックス　　クンショウモ　　ツリガネムシ　　イカダモ
　　（エ）ゾウリムシ　　ミジンコ　　アオミドロ　　イカダモ

2

2種類の物質，AとBの溶け方について，次の問いに答えなさい。

100 g の水に対して，物質Aは，20 ℃では 36 g まで，80 ℃では 38 g まで溶かすことができ，物質Bは，20 ℃では 5 g まで，80 ℃では 25 g まで溶かすことができるものとします。

問1　下の図は，メスシリンダーで水をはかりとり，そのメスシリンダーを真横から見た図です。メスシリンダーに水 50 mL が入っている図として最も適当なものを，次の（ア）〜（カ）から選び，記号で答えなさい。

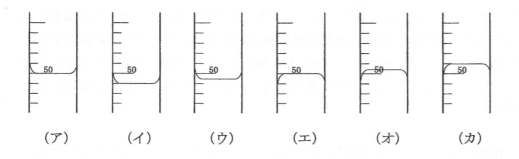

　　（ア）　　　　（イ）　　　　（ウ）　　　　（エ）　　　　（オ）　　　　（カ）

問2　60 ℃の水に溶ける物質Bの量を，水の量を変化させて調べました。水の量を 20 g，40 g，60 g と増やしたとき，物質Bはそれぞれ 3 g，6 g，9 g まで溶けました。60 ℃の水 100 g に物質Bは何 g まで溶けますか。

問3　80 ℃で物質Bを，溶けるだけ溶かした水溶液100 g があります。
　　（1）この水溶液中に溶けている物質Bは何 g ですか。

　　（2）この水溶液を冷やし，温度を 40 ℃にしました。このとき，溶けきれなくなった物質Bが 12.8 g 出てきました。40 ℃の水 100 g に物質Bは何 g まで溶けますか。

問4　物質Aが溶けていても物質Bが溶ける限度の量は変わらず，物質Bが溶けていて
　　も物質Aが溶ける限度の量は変わらないものとして，次の問いに答えなさい。
　　（1）物質Aと物質Bをそれぞれ 40 g ずつを混ぜた粉末 80 g を，80 ℃の水 200 g
　　　　に溶かし，その水溶液を 20 ℃に冷やしたのち，溶けきれずに出てきた結晶を
　　　　ろ過によって取り出しました。ろ紙の上に残った物質A，物質Bの重さはそれ
　　　　ぞれ何 g ですか。

　　（2）物質Aと物質Bが混ざった粉末 80 g を 80 ℃の水 200 g に完全に溶かしまし
　　　　た。その後，この水溶液を 20 ℃に冷やすことで溶けきれなくなった結晶をろ過
　　　　によって取り出し，物質Aまたは物質Bのいずれか一方だけが得られるように
　　　　します。80 ℃の水 200 g に，物質Aは 76 g，また，物質Bは 50 g までしか溶
　　　　けないことに注意して，以下の文中の（　a　）～（　d　）に当てはまる値を
　　　　答えなさい。

　　　　　初めの 80 g のうち，物質Bが（　a　）g 以上で（　b　）g より少ないとき，
　　　　物質Aのみが得られます。また，初めの 80 g のうち，物質Bが（　c　）gよ
　　　　り多く（　d　）g 以下のとき，物質Bのみが得られます。

　　（3）今度は，物質Aと物質Bが混ざった粉末 100 g を 80 ℃の水 200 g に完全に溶
　　　　かしました。その後，この水溶液を 20 ℃に冷やすことで溶けきれなくなった結
　　　　晶をろ過によって取り出し，物質Aまたは物質Bのいずれか一方だけが得られ
　　　　るようにします。物質Aのみを得るためには，物質Bの量は何 g から何 g の間
　　　　にあればよいですか。また，物質Bのみを得るためには，物質Bの量は何 g か
　　　　ら何 g の間にあればよいですか。それぞれについて，適当な条件があれば，解
　　　　答らんの（　）をうめ，その条件を答えなさい。また，適当な条件がない場合
　　　　には，解答らんの「なし」を○で囲みなさい。

問5　問4のように，不純物の混ざったものを温度の高い水に溶かし，その水溶液を冷やすことで，溶けきれなくなった物質を取り出すとき，不純物の量が少量ならば，冷やしても不純物は水溶液の中に溶けたまま残り，1種類の物質だけを結晶として取り出すことができます。このように，結晶を一度水に溶かしたのち，再び結晶として取り出す操作を再結晶といいます。再結晶で取り出すのにより適した物質は物質Aと物質Bのどちらであるかについて述べた以下の文のうち，最も適当なものを選び，その記号を答えなさい。

（ア）物質Aの方が，温度によって溶けることができる量の差が小さいため，物質Aの方が適している。

（イ）物質Bの方が，温度によって溶けることができる量の差が大きいため，物質Bの方が適している。

（ウ）物質Aの方が，水によく溶けるため，物質Aの方が適している。

（エ）物質Bの方が，水によく溶けるため，物質Bの方が適している。

（オ）物質Aの方が，結晶の粒が小さいため，物質Aの方が適している。

（カ）物質Bの方が，結晶の粒が小さいため，物質Bの方が適している。

3

次のような実験1，2を行いました。後の問いに答えなさい。

実験1：図1のような装置を用いて，水を加熱する実験を行いました。しばらく加熱していると，50 ℃付近でビーカーの底に①小さなあわがつきはじめました。さらに加熱を続けると，100 ℃付近でビーカーの底から②大きなあわがたくさん出るようになりました。また，加熱を始める前にはしぼんでいた袋が，加熱中にはふくらんでいました。

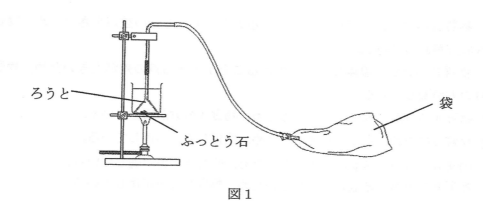

ろうと

ふっとう石

袋

図1

実験2：図2のようにビーカーの中にぬるま湯を入れ，その上に食塩と氷を入れた丸底フラスコを置くと，③丸底フラスコとぬるま湯の間に白いもやもやとしたものが見え始めました。また丸底フラスコの底を見ると，液体がついていました。

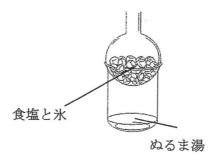

食塩と氷

ぬるま湯

図2

問1　実験1で，ふっとう石は何のために入れるのですか。

問2　下線部①の小さなあわと下線部②の大きなあわについて，（　a　）は適当な語句を選び，（　b　）には適当な語句を入れなさい。

　　　小さなあわ，大きなあわのうち，おもに水蒸気でできているのは（a　大きな・小さな）あわであり，もう一方のあわは，水に溶けていた（　b　）である。

問3　実験1で，大きなあわがたくさん出た後，加熱をやめてからしばらく放置していると，袋はどうなりますか。適当なものを1つ選び，記号で答えなさい。

　　（ア）ふくらんだまま変わらない。
　　（イ）しぼむ。
　　（ウ）さらにふくらむ。

問4　下線部③で白く見えたのは何ですか。最も適当なものを選び，記号で答えなさい。

　　（ア）氷　　　（イ）液体の水　　（ウ）水蒸気　　（エ）空気　　（オ）二酸化炭素

問5　下線部③と同じ現象を，次の（ア）～（オ）からすべて選び，記号で答えなさい。

　　（ア）寒い日の朝，はいた息が白くなった。
　　（イ）寒い日の朝に，自動車のガラスなどに霜ができていた。
　　（ウ）線香に火をつけると煙が出た。
　　（エ）冷蔵庫の製氷皿にぬれた指でふれるとくっついた。
　　（オ）早朝，近くの川に霧がかかっていた。

問6　実験2で，丸底フラスコの底の表面で液体ができることを何といいますか。

問7　雲に関する次の①〜③の文について，正誤の組み合わせとして正しいものを表の
　　（ア）〜（ク）から1つ選び，記号で答えなさい。

①　雨や雪が降っていないとき，天気は雲の量で決
　　め，雲の量が1の時は晴れ，7の時はくもりであ
　　る。

②　集中豪雨は，入道雲（積乱雲）やひつじ雲（高積
　　雲）によって起こることが多い。

③　すじ雲（巻雲）は，晴れた日に出ることが多い
　　が，その後，次第に天気が悪くなって雨になること
　　が多い。

	①	②	③
（ア）	正	正	正
（イ）	正	正	誤
（ウ）	誤	正	正
（エ）	正	誤	誤
（オ）	誤	誤	正
（カ）	誤	誤	誤
（キ）	正	誤	正
（ク）	誤	正	誤

H29. 岡山白陵中
K教英出版

(1) 　　　　　　　　　　　　　　個　(2) 　　　　　　　　　　　　　個

(1) 　　　　　　　　　　　　　　　　　　　　　　　　　　　　　秒後

(2) 　　　　　　　　　　　　　　　　　　　　　　　　　　　　　秒後

(3) 　　　　　　　　　　　　　　　　　　　　　　回　　　　　　秒後

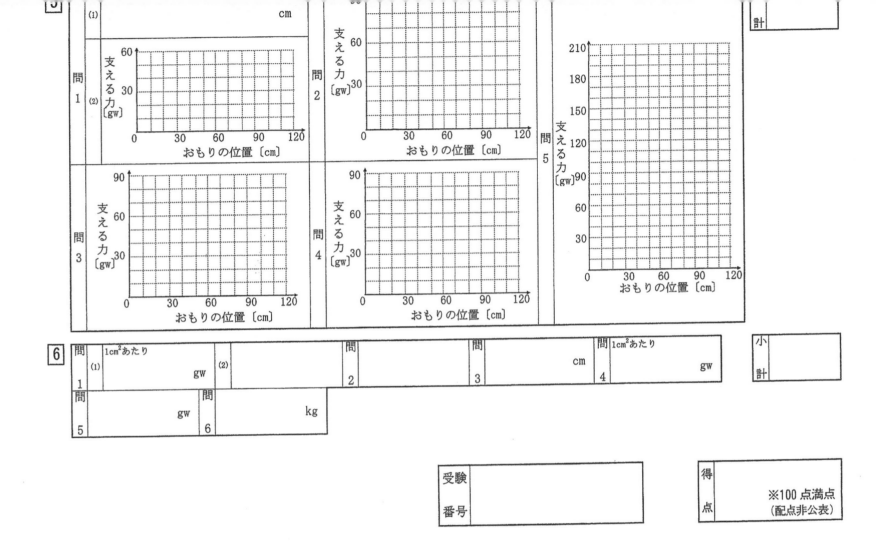

5

(1) _____ cm

問1
(2)
支える力〔gw〕
60
30
0　30　60　90　120
おもりの位置〔cm〕

問2
支える力〔gw〕
60
30
0　30　60　90　120
おもりの位置〔cm〕

問5
支える力〔gw〕
210
180
150
120
90
60
30
0　30　60　90　120
おもりの位置〔cm〕

問3
支える力〔gw〕
90
60
30
0　30　60　90　120
おもりの位置〔cm〕

問4
支える力〔gw〕
90
60
30
0　30　60　90　120
おもりの位置〔cm〕

計

6

問1
(1) 1cm²あたり _____ gw
(2) _____

問2 _____

問3 _____ cm

問4 1cm²あたり _____ gw

問5 _____ gw

問6 _____ kg

小計

受験番号 _____

得点 _____

※100 点満点
（配点非公表）

H29. 岡山白陵中
K 教英出版

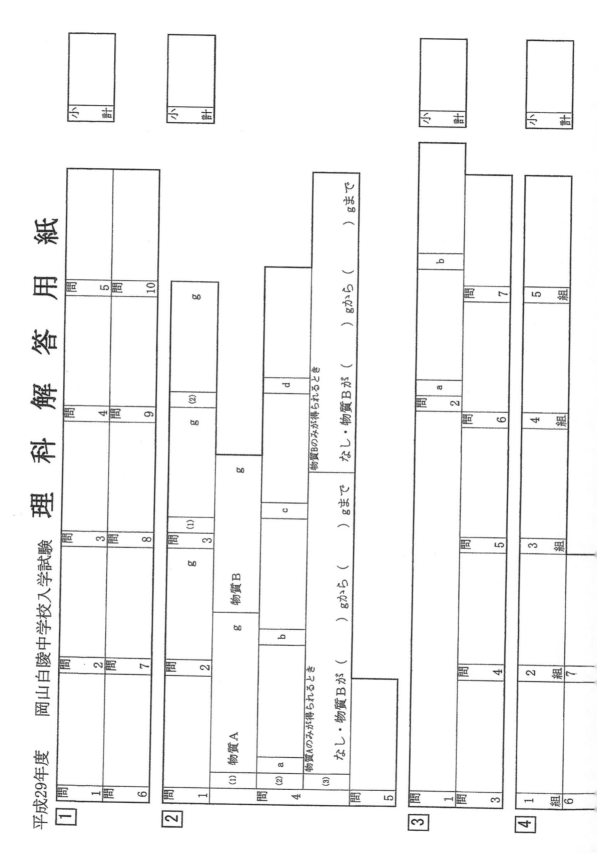

1

(1)		(2)		(3)		(4)	通り

(5)	°	(6)	cm²	(7)	cm³

2

[Ⅰ]	m	[Ⅱ]	(1)	円	(2)	個

3

(1)

秒後

(2)

秒後

(3)

秒後

(4)

cm

【解答】

4

次の各組の中で（ア）〜（ウ）の文がすべて正しいなら「○」を，2つまたは1つ正しいならば，正しいものの記号を，正しいものがないなら「×」を書きなさい。

1組

（ア）三日月と満月は，真夜中の0時に南中（真南に見えること）する。

（イ）三日月は正午に南中し，満月は真夜中の0時に南中する。

（ウ）向かって右側が光って見える半月と向かって左側が光って見える半月は，どちらも正午に南中する。

2組

（ア）観測する人から見て，半月（向かって右側が光って見える）と太陽がつくる角度（右図参照）は，満月と太陽がつくる角度の約半分である。

（イ）夕方南の空に見られる半月が，朝方南の空に見られる半月になるまでの日数は，満月が新月になるまでの日数の約半分である。

（ウ）新月から三日月になるまでの日数と，その三日月から半月（向かって右側が光って見える）になるまでの日数は同じである。

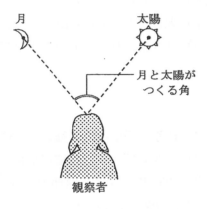

3組

（ア）月の直径は地球の直径の半分より小さく，太陽の直径は地球の直径の10倍より大きい。

（イ）地球から太陽までの距離は，地球から月までの距離の100倍より大きい。

（ウ）月の表面温度の最高と最低の差は，地球の表面温度の最高と最低の差より大きい。

4組

（ア）晴れた日の気温は，日の出から正午まで上昇し続け，正午から日の入りまで下降し続ける。

（イ）猛暑日は，最高気温が35℃以上の日のことで，真冬日は，最高気温が0℃より低い日のことである。

（ウ）晴れた日の日時計のかげは，朝9時頃には南東の方向にでき，正午頃には北の方向にできる。

5組

（ア）れき岩は，れきだけでできている。

（イ）大きさが2cm以上の小石をれきと呼ぶ。

（ウ）れき岩のれきは丸みを帯びているものが多いが，火山灰は角ばった粒が多い。

6組

（ア）地震の震度は，5強より6弱の方がゆれが大きい。

（イ）マグニチュードの値が小さいほど，地震の規模（エネルギー）は大きい。

（ウ）1995年の兵庫県南部地震（阪神淡路大震災を起こした地震）や2016年の熊本地震は断層が動いて起こった地震である。

7組

（ア）北斗七星はこぐま座の一部で，北極星はおおぐま座に含まれる。

（イ）夏の大三角は，こと座・さそり座・わし座の星でできている。

（ウ）冬の大三角は，ベテルギウス・シリウス・プロキオンでできている。

H29. 岡山白陵中
K 教英出版

5

次の文を読んで，後の問いに答えなさい。

溝(直線)のある，長さ120cmの軽い板（左端をP，右端をQとする）の両端を支点△で支えます。おもりの位置は，左端Pからの長さで測るものとし，板の上ではおもりは溝に沿って動き，速さは変わらないものとします。また，板の重さや，おもりの大きさは考える必要はなく，重さ1gのおもりを支えるのに必要な力の大きさを1gwと書くことにします。

問1　図1のように，重さ60gのおもりを置きました。

（1）支点がPを支える力の大きさは10gwでした。このとき，おもりの位置は，Pから何cmのところですか。

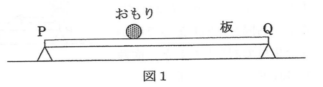

図1

（2）このおもりを，板の上で動かすと，支点がPを支える力の大きさも変化します。横軸をおもりの位置〔cm〕，縦軸を支点がPを支える力の大きさ〔gw〕として，関係を示すグラフを解答らんにかきなさい。

問2　図2のように，同じ重さ60gのおもり2個を両端から同じ速さで同時に動かすと，板の中央で衝突しました。横軸をPから動かしたおもりの位置〔cm〕，縦軸を支点がPを支える力の大きさ〔gw〕として，衝突までの関係を示すグラフを解答らんにかきなさい。

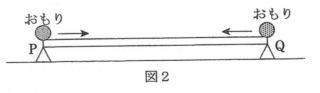

図2

問3　図3のように，同じ重さ60 gのおもり2個を両端から同時に動かすと衝突しました。Pから動かしたおもりの速さがQから動かしたおもりの速さの3倍のとき，横軸をPから動かしたおもりの位置〔cm〕，縦軸を支点がPを支える力の大きさ〔gw〕として，衝突までの関係を示すグラフを解答らんにかきなさい。

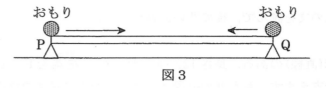

図3

問4　図4のように，重さ60 gのおもりをPから，120 gのおもりをQから同時に同じ速さで動かすと中央で衝突しました。横軸を60 gのおもりの位置〔cm〕，縦軸を支点がPを支える力の大きさ〔gw〕として，衝突までの関係を示すグラフを解答らんにかきなさい。

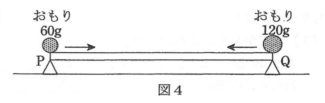

図4

問5　重さ60 gのおもりを4個用意します。まず，1つ目のボールをPからQに向けて動かします。そのあと続けて，2個目，3個目，4個目と同じ間隔 30 cmをあけてQに向けて同じ速さで動かします。図5は，2個目のおもりを動かし始めたときのものです。横軸を1個目のおもりの位置〔cm〕，縦軸を支点がPを支える力の大きさ〔gw〕として，最初のおもりがQに来るまでの関係を示すグラフを解答らんにかきなさい。

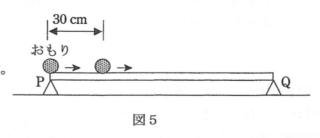

図5

H29. 岡山白陵中
K 教英出版

6

次の文を読んで，後の問いに答えなさい。

同じ物体に，同じ大きさの力を加えると，同じ効果（運動の変化）が期待できます。しかし，粘土を手のひらで押した場合と指先で押した場合では，同じ大きさの力であっても，経験から指先で押した場合の方が，粘土が大きく変形することが容易に想像できます。これは，同じ力であっても，それが加わる面積が異なることが原因であり，理科ではこの違いを『圧力』で説明します。

以下の問題では，圧力を『1 cm²あたりにはたらく力の大きさ』，つまり

> 圧力 ＝ （力の大きさ〔単位 gw〕）÷ （ 力が加わる部分の面積〔単位 cm²〕）

として表すものとします。また，重さ 1 g のおもりを支えるのに必要な力の大きさを 1 gwと書くことにします。

問1　図1のような，960 g の直方体があり，この直方体をやわらかいスポンジの上に置きます。
　（1）図1のように，①の面を上にしてスポンジに置いたとき，スポンジが物体から受ける圧力の大きさは 1 cm²あたり何 gw ですか。

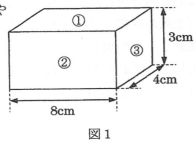

図1

　（2）①〜③の面をそれぞれ上にしてスポンジに置いたとき，最もスポンジがへこむと考えられるのは，どの面を上にした場合ですか。①〜③の番号で答えなさい。

私たちにとって身近な存在である大気や水も，重さをもつため，私たちはそれらから圧力（大気圧，水圧として知られています）を受けています。また，これらの圧力は，図2で示すように，小さな物体に対してあらゆる方向から，同じ大きさではたらくことが知られています。ただし，図は水から受ける圧力について表したものです。

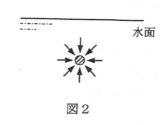

図2

大気圧をはじめて測定したのは，ガリレオ・ガリレイの弟子であるイタリアの物理学者エヴァンジェリスタ・トリチェリです。1643 年トリチェリは，図3のように，一方を閉じたガラス管に水銀を満たし，空気が入らないように水銀の入った容器の上に逆さに立てる実験を行いました。すると，ガラス管内の水銀の液面はある高さを保ち，それより上部は真空（空気が存在しない状態）になることを

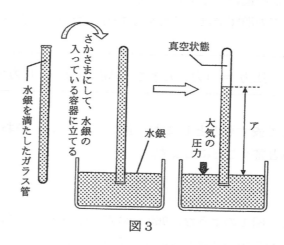

図3

発見し，この現象を，大気による圧力によって水銀が支えられているからだと結論づけました。以下の問題では，大気から受ける圧力の大きさを，地表で 1 cm² あたり 1030 gw として，答えなさい。

問2　いま，2.5 kg のおもりを，図4のように天井につけた吸盤フックで支えることにしました。このとき，吸盤フックの半径は最低何 mm 以上でなければならないですか。次の（ア）～（オ）の中から最も近い値を選び，記号で答えなさい。

　　なお，吸盤フックは吸盤部分全体にはたらく大気の圧力によって，物体を支えるものとし，円周率を3として計算しなさい。

図4

　　（ア）6 mm　　　（イ）7 mm　　　（ウ）8 mm　　　（エ）9 mm　　　（オ）10 mm

問3　トリチェリの行った実験において，ガラス管内の水銀の液面の高さ（図3のアの部分）は何 cm ですか。ただし，水銀柱の 1 cm³ あたりの重さは 13.6 g であり，真空部分から液面は力を受けないものとします。答えは，小数第2位を四捨五入し，小数第1位まで答えなさい。

問4　水を入れた水そうの水深 30 cm のところに，5 cm 四方のうすい板を水平に沈めました。図5はその様子を真横から見たものです。板が水から受ける圧力の大きさは 1 cm² あたり何 gw ですか。

　　　ただし，水 1 cm³ あたりの重さを 1 g とします。（次の問5，問6でも同様です）

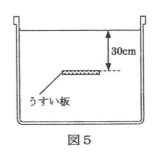

図5

問5　問4で用いた水そうに，図6のような直方体を沈めました。図6はその様子を真横から見たものです。

　　　このとき，物体の下の面全体が水から受けている力の大きさと，上の面全体が水から受けている力の大きさの差は何 gw

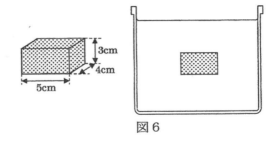

図6

ですか。水圧が，あらゆる向きからはたらくことに注意して答えなさい。

問6　問5のように，水中で物体の下面と上面が水から受ける力の大きさの差は，理科では『浮力』とよばれ，船が浮かぶ力などとして利用されています。

　　　いま，図7のような，底面の直径が 140 cm，高さ 60 cm の円柱形のたらい舟を水に浮かべて，人が乗ります。水面がたらい舟の底面から 40 cm にきたとき，人とたらい舟は合わせて何 kg ですか。たらい舟の上面には水がないので，たらい舟の下からの水圧のみ考えればよいことに注意して答えなさい。

　　　ただし，円周率を3として計算しなさい。

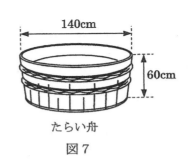

たらい舟

図7

－ 16 －

K 教英出版

［このページに問題はありません。］

4 同じ大きさの立方体をいくつか積み上げてできた立体について考えます。次の各問いに答えなさい。**（解答用紙には，答えのみを書きなさい。）**

（1） 立体を真上，左横，正面から見た図が次のようになるとき，立方体の個数は何個ありますか。

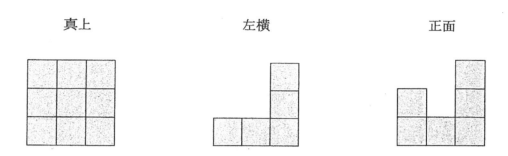

真上　　　　　　　　左横　　　　　　　　正面

（2） 立体を真上，左横，正面から見た図が次のようになるとき，立方体の個数は最低何個必要ですか。

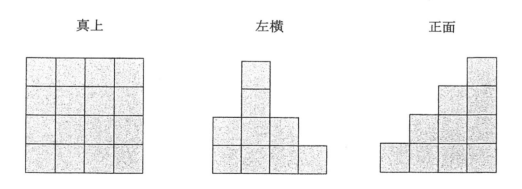

真上　　　　　　　　左横　　　　　　　　正面

5

AB＝10cm，AD＝15cm の長方形があります。点 P は，点 A を出発し，辺 AD 上を毎秒 5cm でくり返し往復し，点 Q は点 P と同時に点 B を出発し，辺 BC 上を毎秒 3cm でくり返し往復します。このとき，PQ と AB が平行になることがありますが，PQ が AB と重なるときは平行とは考えないものとします。次の各問いに答えなさい。

（1）　2 回目に PQ と AB が平行となるのは，点 P が出発してから何秒後ですか。

（2）　5 回目に PQ と AB が平行となるのは，点 P が出発してから何秒後ですか。

（3）　5 回目に PQ と AB が平行となるまでに三角形 PQD の面積が 50cm² となるのは何回ありますか。そのうち，最後に三角形 PQD の面積が 50cm² となるのは点 P が出発してから何秒後ですか。

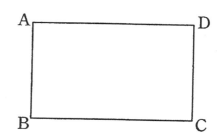

K 教英出版

平成28年度

岡山白陵中学校入学試験問題

算　数

| 受験 | |
| 番号 | |

2 次の各問いに答えなさい。(解答用紙には，答えのみを書きなさい)

[Ⅰ] 毎分 20 リットルの割合で水が入り続けているタンクがあります。600 リットルの水がたまったときからポンプを使って水をくみ出すとき，ポンプを 1 台使うと，くみ出し始めてから 30 分でタンクが空になりました。もし，同じポンプを 2 台使うと，くみ出し始めてから何分でタンクが空になりますか。

[Ⅱ] 半径 1cm の円が，1 辺の長さが 6cm の正方形の内側を辺にそって 1 周するとき，円が動いたあとの面積を求めなさい。ただし，円周率は 3.14 とします。

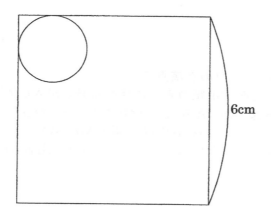

[Ⅲ] 下の図のように交互に黒玉と白玉を並べていきます。

（1） 10段目まで並べたとき，並べた黒玉と白玉の個数はどちらが何個多いか求めなさい。

（2） 101段目まで並べたとき，並べた黒玉と白玉の個数はどちらが何個多いか求めなさい。

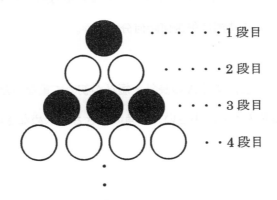

5 3つの時計 A, B, C があります。時計 A は 1 時間に 3 分遅れ,時計 B は 1 時間に 2 分進み,時計 C は正確に動きます。3 つの時計の時刻を午後 3 時ちょうどに合わせました。どの時計の針も一定の速度で動くものとして,次の各問いに答えなさい。

(1) 時刻を合わせた後,時計 C が初めて午後 4 時 45 分を示したとき,時計 A, B が示している時刻はそれぞれ午後何時何分何秒ですか。

(2) 時計 B の示している時刻が時計 A の示している時刻より 13 分進んでいるとき,時計 C が示している時刻は午後何時何分ですか。

(3) 時刻を合わせた後,時計 A の長針と短針が初めて重なったとき,時計 B の長針と短針がつくる角のうち,小さい方の角の大きさを求めなさい。

平成28年度

岡山白陵中学校入学試験問題

理　　科

受験	
番号	

【実験4】試験管 D'～F' の3本に，うすいでんぷん溶液を5mLずつ入れ，試験管 D'
にはダイコン汁 1mL を，試験管 E' にはサツマイモ汁 1mL を，試験管 F' には
水 1mL を加え，3本の試験管を70℃の水に1時間浸した。その後，ヨウ素液を
加えて，色の変化を調べた。

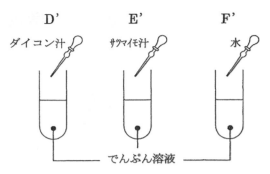

結果　試験管 E' の液の色は変化しな
かったが，試験管 D' と F' の
液の色は，同じ色に変化した。

問5　実験3と実験4の結果を比べてわかることは何ですか。下の《選択肢》(a) ～ (i)
から最も適当なものを1つ選び，記号で答えなさい。

《選択肢》
(a) でんぷん溶液の中に，アミラーゼが含まれている。
(b) でんぷん溶液の中に，アミラーゼは含まれていない。
(c) 試験管に加えた水の中に，アミラーゼが含まれている。
(d) ダイコン汁の中に，アミラーゼが含まれている。
(e) アミラーゼは，低温でははたらかない。
(f) アミラーゼは，高温でははたらかない。
(g) ダイコンに含まれるアミラーゼは，サツマイモに含まれるアミラーゼより，はた
らくのに適した温度が高い。
(h) ダイコンに含まれるアミラーゼは，サツマイモに含まれるアミラーゼより，はた
らくのに適した温度が低い。
(i) ダイコンに含まれるアミラーゼが，サツマイモに含まれるアミラーゼより，はた
らくのに適した温度が高いか低いかわからないが，適した温度が異なることだけ
はわかる。

2 メダカについて，次の問いに答えなさい。

問1　次の（ア）～（ケ）の中から，ヒメダカのおすとめすの図として正しいものを，それぞれ1つずつ選び，記号で答えなさい。

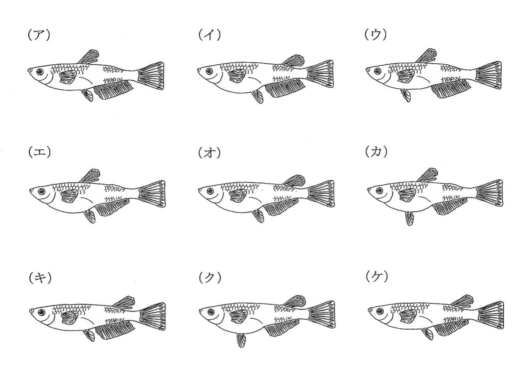

（ア）　　　　　　　（イ）　　　　　　　（ウ）

（エ）　　　　　　　（オ）　　　　　　　（カ）

（キ）　　　　　　　（ク）　　　　　　　（ケ）

問2　次の文中の（ア）～（ウ）にあてはまる適当な語を答えなさい。

> めすが産んだ卵（たまご）が，おすが出した（　ア　）と結びつくと，卵は変化し始めます。このように，卵と（　ア　）が結びつくことを（　イ　）といい，（　イ　）した卵を（　ウ　）といいます。

H28. 岡山白陵中
K 教英出版

（3）実験1〜4を暗い場所で行っても，メダカが明るい場所と同じ行動を示すと考えられるのはどれですか。実験1〜4の中からすべて選び，その実験番号を書きなさい。

3 A～Eの5つのビーカーには，食塩水，砂糖水，うすい塩酸，アンモニア水，水酸化ナトリウム水溶液の5種類の水溶液のいずれかが入っています。これらの水溶液について，以下のような実験をしました。これらの実験に関する後の問いに答えなさい。

【実験1】A～Eの水溶液のにおいをかいだところ，B，Cの水溶液から鼻を刺すようなにおいがしたが，A，D，Eの水溶液からはにおいがしなかった。

【実験2】赤色のリトマス紙に，A～Eの水溶液をつけると，C，Dの水溶液では色が変化した。

【実験3】A～Eの水溶液にアルミニウムを入れたところ，B，Dの水溶液でアルミニウムが溶け，気体が発生した。

【実験4】A～Eの水溶液を蒸発皿に入れて加熱し，水を蒸発させたところ，Eの水溶液では黒いこげが残った。

問1　実験3で発生した気体の性質として，次の（ア）～（エ）から最も適当なものを1つ選び，記号で答えなさい。

（ア）発生した気体は燃えず，ほかのものが燃えるのを助けるはたらきがある。
（イ）発生した気体を集めた試験管に，火を近づけると，ポンと音を立てて燃える。
（ウ）発生した気体は空気よりも軽く，水に溶けやすい。
（エ）発生した気体を石灰水に通すと，石灰水が白くにごる。

問2　実験4で水を蒸発させたときに，白い固体が残る水溶液はどれですか。A～Dからすべて選び，記号で答えなさい。

H28.岡山白陵中
K 教英出版

	ア	イ	ウ	エ	オ	カ	キ	ク	ケ
割りばし	増える	増える	増える	減る	減る	減る	変わらない	変わらない	変わらない
スチールウール	減る	増える	変わらない	減る	増える	変わらない	減る	増える	変わらない

問5　いろいろな重さのスチールウールを燃やす実験を行いました。スチールウールがすべて燃えたときの重さは表1のように増加し，色は黒くなりました。次の（1），（2）に答えなさい。

スチールウールの重さ（g）	1	2	3
スチールウールを燃やした後の重さ（g）	1.4	2.8	4.2

表1

（1）スチールウール2.5gをすべて燃やしたとき，燃やした後の重さは何gになりますか。

（2）新たに，3gのスチールウールを燃やすと，重さが4.2gにはなりませんでした。燃やした後のものに，十分な量のうすい塩酸を加えたところ，気体が120 cm³ 発生しました。燃やした後のものの重さは何gになっていたと考えられますか。なお，次の表2はいろいろな重さのスチールウールに，十分な量のうすい塩酸を加えたときに発生する気体の体積を表しています。また，スチールウールがすべて燃えた後にできる黒いものに，うすい塩酸を加えても気体は発生しないことがわかっています。

スチールウールの重さ（g）	0.5	1	1.5	2	2.5
発生した気体の体積（cm³）	200	400	600	800	1000

表2

5 次の文を読んで，後の問いに答えなさい。

　図1のように，地球の北極の上空から見ると，地球と月は反時計回りに自転しながら，地球は太陽のまわりを反時計回りに公転し，月は地球のまわりを反時計回りに公転しています。また，図2のように，地球から見ると，月は太陽の光で明るく照らされている部分と，かげになっている部分の割合が変化するため，形が変化して見えます。

　なお，地球や月が，こまのように自分自身が回転することを自転といい，他の星のまわりを回ることを公転といいます。

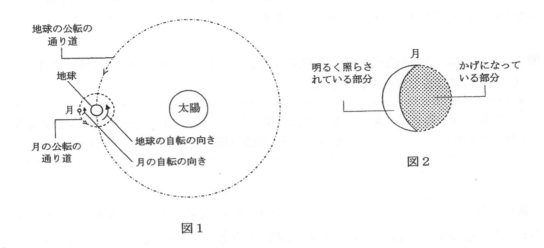

図1　　　　　　　　　　　　図2

問1　月について，次の（ア）～（カ）から正しいものをすべて選び，記号で答えなさい。

（ア）多数のクレーターがある所を海と呼ぶ。

（イ）海の部分の形は，毎月変わって見える。

（ウ）新月から2日後の月を，三日月という。

（エ）半月から次の半月までは，約15日間である。

（オ）新月から次の新月までは，31日間である。

（カ）月の表面の温度は，最高で100℃，最低で0℃になる。

コーン紙

スピーカー

6 スピーカーから音が出るしくみについて，次の文を読んで，後の問いに答えなさい。

　スピーカーは，コーン紙部分（厚紙でできた振動板）が振動し，音が出ます。スピーカーの前にろうそくを置き，音を出すと，ろうそくの炎がゆれます。①炎の動きを詳しく見てみると，炎は押されるように，また引かれるように動きます。また音を大きくすると，スピーカーのコーン紙がさらに大きく振動し，炎もそれに応じて大きくゆれるのがわかります。

問1　次の文は，下線部①の結果から考えられることについて述べたものです。文中の（　　）に適当な語を入れなさい。

> 　スピーカーの音が，離れたところまで聞こえるのは，スピーカーのコーン紙の振動が，まわりの（　　　）を振動させ，その振動が次々と伝わっていくからである。

　次に，図1のように，音楽プレーヤーにスピーカーを接続しました。音楽プレーヤーとスピーカーをつなぐ導線には，出す音を電気信号に変換したもの（電流）が流れています。②導線に検流計をつなぎ，流れる電流の向きと大きさを測定したところ，図2のようになっていました。

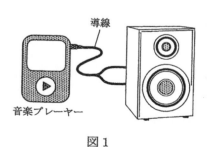

導線

音楽プレーヤー

図1

流れる電流の
向きと大きさ

＋

0

−

時間

導線に流れる電流の変化
図2

問2　下線部②について，スピーカーに流れる電流の大きさを測定する方法として適当なものを，右図の（ア），（イ）から選び，記号で答えなさい。また，そのつなぎ方を何というか答えなさい。

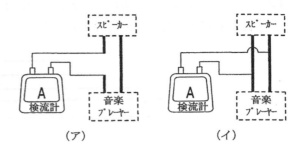

問3　図2から，スピーカーに流れる電流は，どのようなものであると読み取れますか。次の（ア）〜（エ）から最も適当なもの1つ選び，記号で答えなさい。

（ア）向きも大きさも，常に一定である。
（イ）向きは変化しないが，大きさは時間によって変化する。
（ウ）向きは時間によって変化するが，大きさは変化しない。
（エ）向きも大きさも，時間によって変化する。

図3は，スピーカーの内部のしくみを簡単に表したものです。図から，スピーカーは永久磁石，コーン紙，およびコーン紙に貼りつけられたコイルなどから構成されていることがわかります。コイルに流れる電流により，コイルが電磁石のはたらきをするため，コイルが動き，さらにコイルを貼りつけたコーン紙を振動させて，音声として聞こえています。

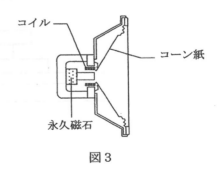

図3

スピーカーに使われているコイルの電磁石としての役割を調べるために，コイルのまわりに方位磁針を置き，電流を流す実験をしました。図4は，矢印の向きに電流を流したときの，方位磁針の針のさす向きを示しています。ただし，図では，方位磁針のN極側を黒くぬりつぶして示しています。

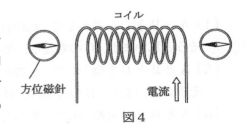

図4

問2　図3のように，Aを机の上に置き，その上にBをのせました。ただし，A，Bのどちらが右にあってもよいものとします。

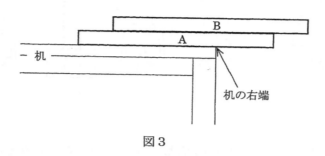

図3

（1）AとBを動かして，机の右端からできるだけ遠くまで水平に，Bの右端を出そうと思います。Bの右端は，机の右端から何cmまで出すことができますか。

（2）AとBを動かして，机の右端からできるだけ遠くまで水平に，Aの右端を出そうと思います。Aの右端は，机の右端から何cmまで出すことができますか。

問3　図4のように，Aを机の上に置き，その上にBをのせ，さらにその上にCをのせました。ただし，A，B，Cのどれが右や左にあってもよいものとします。

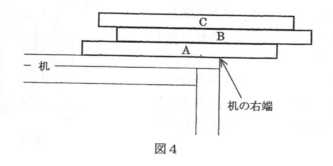

図4

（1）AとBとCを動かして，机の右端からできるだけ遠くまで水平に，Cの右端を出そうと思います。Cの右端は，机の右端から何cmまで出すことができますか。

（2）AとBとCを動かして，机の右端からできるだけ遠くまで水平に，Bの右端を出そうと思います。Bの右端は，机の右端から何cmまで出すことができますか。

（3）AとBとCを動かして，机の右端からできるだけ遠くまで水平に，Aの右端を出そうと思います。Aの右端は，机の右端から何cmまで出すことができますか。

算 数 解 答 用 紙

1
24点

(1)		(2)		(3)	円
(4)	cm	(5)	cm²	(6)	cm³

2
24点

[Ⅰ]	分	[Ⅱ]	cm²

[Ⅲ]	(1)	玉が	個多い	(2)	玉が	個多い

3
18点

(1)

%

(2)

%

(3)

%

4
16点

(1)	人	(2)		(3)	通り

K 教英出版

平成28年度　　岡山白陵中学校入学試験　　理 科 解 答 用 紙

1

問1		問2		問3		問4		問5	

小計　8点

2

問1	おす		めす		問2	ア		イ		ウ	

問3	A		B		問4	⇒	⇒	⇒	⇒

問5	(1)		(2)		問6	(1) 実験1		実験2	

問6	(2)		(3)	

小計　17点

3

問1		問2	

問3	食塩水		砂糖水	
	うすい塩酸		アンモニア水	
	水酸化ナトリウム水溶液			

問4

問5	(1)		(2)	
	(4) 石灰石の重さ	g	気体の体積	cm³

問5 (3)

[cm³]

気体の体積

180
150
120
90
60
30
0

0.25　0.5　0.75　1 [g]

加えた石灰石の重さ

小計　15点

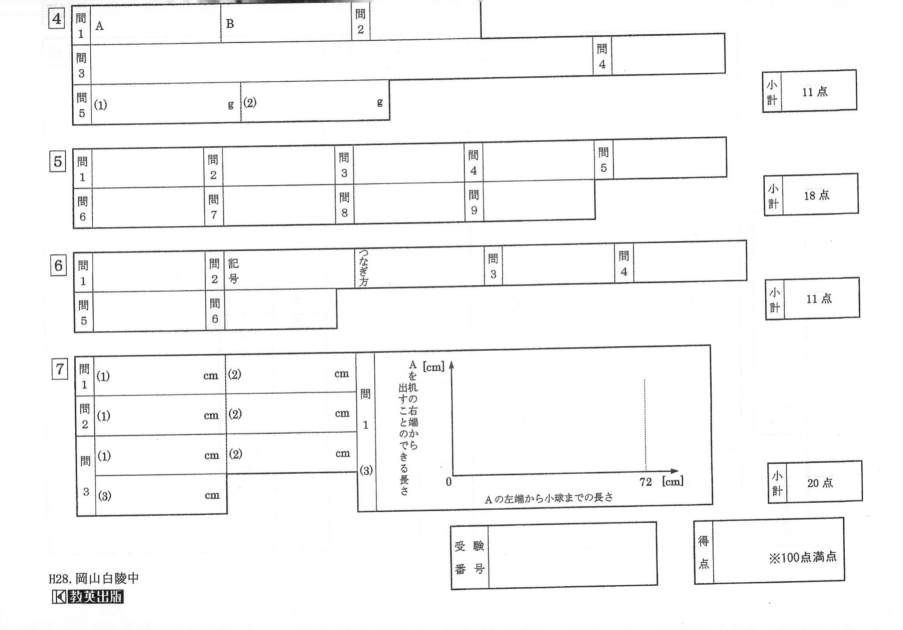

4	問1	A		B		問2		
	問3						問4	
	問5	(1)		g	(2)		g	

小計　11点

5	問1		問2		問3		問4		問5	
	問6		問7		問8		問9			

小計　18点

6	問1		問2	記号		つなぎ方		問3		問4	
	問5		問6								

小計　11点

7	問1	(1)	cm	(2)	cm	問1	
	問2	(1)	cm	(2)	cm		
	問3	(1)	cm	(2)	cm	(3)	
		(3)	cm				

Ａ[cm]
Ａを机の右端から出すことのできる長さ
0　　　　　　　　72[cm]
Ａの左端から小球までの長さ

小計　20点

受験番号

得点　※100点満点

$\boxed{1}$ 次の各問いに答えなさい。(解答用紙には，答えのみを書きなさい)

（1） 次の計算をしなさい。

$$\frac{2}{13} \div \left(0.5 - \frac{1}{5}\right) + 0.375 \div \left\{\frac{3}{4} + \frac{1}{8} + 1.25 \times \left(\frac{19}{12} - \frac{1}{3}\right)\right\}$$

（2） □にあてはまる数を求めなさい。

$$\frac{3}{8} \div \left\{\frac{3}{2} - \square \div \left(2 - \frac{1}{4}\right)\right\} + (0.75 + 2) \times \frac{1}{3} = \frac{3}{2}$$

（3） 10%の食塩水 300g が入った容器があります。この容器から水を何 g か蒸発させたところ，容器に残った食塩水の濃度は 12%になりました。蒸発させた水は何 g か求めなさい。

（4） 3 時から 4 時の間で，長針と短針が重なるのは，3 時何分ですか。

（5） 16 チームが 4 チームずつの 4 ブロックに分かれて総当たり戦（リーグ戦）を行います。次に，各ブロックの上位 2 チームを集めて，勝ち抜き戦（トーナメント戦）を行い，最後まで勝ち残ったチームを優勝とすることにします。すべての試合で引き分けはなく，総当たり戦では必ず 1 位から 4 位までの順位が決まるものとします。このとき，優勝するチームが決まるまでに行われる試合数を求めなさい。

（6）　下の図において，四角形 ABCD は正方形，三角形 EBC は正三角形です。この
とき，角⑦の大きさを求めなさい。

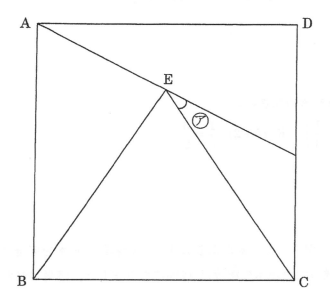

（7）　下の図の三角形 ABC において，BD：DC＝1：2 です。三角形 DCE の面積が
三角形 ABC の面積の半分になるとき，AE：EC を求めなさい。

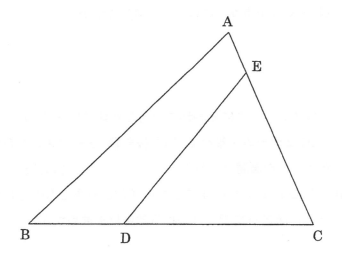

H26. 岡山白陵中
K教英出版

3 高さ 20cm の直方体の容器 A に水が満たされています。この中に底面積が 2cm²，高さ 20cm の四角柱を容器の底につくまでまっすぐに入れたあと，静かに取り出しました。このとき，次の各問いに答えなさい。

(1) 底面積が 8cm²，高さ 20cm の四角柱を上と同じように入れると，さらに何 cm³ の水があふれますか。

(2) (1)で入れた四角柱を静かに取り出したあと，底面積が 3cm²，高さ 20cm の四角柱を同じように入れると，四角柱の上側 2cm が水面から出ていました。容器 A の底面積は何 cm² ですか。

$\boxed{4}$ 下のルールに従って，縦 1cm，横 2cm，高さ 1cm の直方体のブロック A (図 1)を，ある「型枠」におさめていきます。このとき，次の各問いに答えなさい。

ルール　① ブロック A はどのように回転させてもかまいません。

　　　　② どの方向から「型枠」を見ても，ブロック A がはみ出さないようにします。

　　　　③ 型枠のすべてにブロック A が入っていなくてもかまいません。

図 1

（1） 下の図のような底面が一辺 6cm の正方形で高さが 1cm の直方体から，一辺 1cm の立方体を左下，右上の角から除いた「型枠 1」(図 2)を考えます。「型枠 1」を真上から見た図 (図 3)の，点線で囲まれる四角形のうち，最も小さいものは，一辺 1cm の正方形です。

「型枠 1」にブロック A が最大何個入るかを，次のような方法で求めます。空欄に適する数を答えなさい。

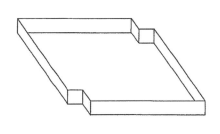

図 2

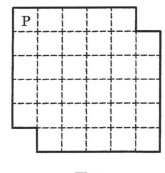

図 3

「型枠 1」にブロック A の代わりに，一辺 1cm の白色の立方体のブロックと，黒色の立方体のブロックを，立方体の隣り合う面が別の色になるようにおさめるとします。この操作を操作 X とします。

「型枠 1」について，図 3 の P の位置に黒色のブロックを入れるものとして，操作 X を行うと，黒色のブロックを ① 個，白色のブロックを ② 個おさめることができるので，ブロック A は，最大 ③ 個入れることができます。

H26. 岡山白陵中
K 教英出版

問題は次のページから始まります。

1 次の I，II に答えなさい。

I．ホウセンカの種をまいて，芽が出てからしばらく観察しました。次の問いに答えなさい。

問1　次の図は，いろいろな植物の種をスケッチしたものです。ホウセンカの種に最も近いものを，次の（ア）～（エ）から1つ選び，記号で答えなさい。

（ア）　　　　（イ）　　　　　　（ウ）　　　　　　（エ）

問2　観察をしていくと，芽が出た後，最初に緑色のものが広がってきました。
　（1）この緑色のものを何と言いますか。
　（2）また，その5日後にもう一度観察した結果を，スケッチしました。（1）の部分を正しくぬりつぶしているものを，次の（ア）～（カ）から1つ選び，記号で答えなさい。

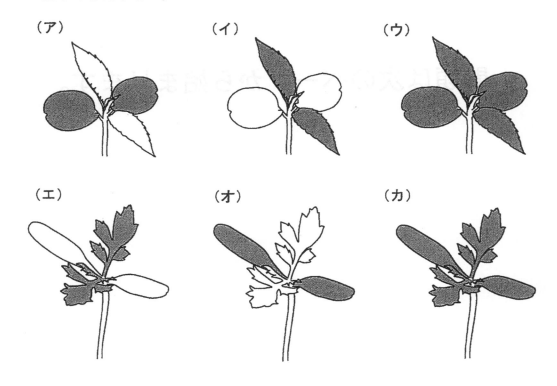

（ア）　　　　　　　　　（イ）　　　　　　　　　（ウ）

（エ）　　　　　　　　　（オ）　　　　　　　　　（カ）

2 　モンシロチョウについて，次の問いに答えなさい。

問1　モンシロチョウについて，**誤っているもの**を次の（ア）〜（オ）からすべて選び，記号で答えなさい。
　　（ア）成虫の体は頭部，胸部，尾部からできている。
　　（イ）成虫の体に足は6本あり，すべて胸部についている。
　　（ウ）卵は，ミカンの葉に産みつけられる。
　　（エ）さなぎは何も食べない。
　　（オ）幼虫にも口や肛門がある。

問2　右の図はモンシロチョウの幼虫を示しています。頭はどちらにありますか，ア，イの記号で答えなさい。

問3　岡山県でモンシロチョウが飛んでいる時期を次の（ア）〜（オ）から1つ選び，記号で答えなさい。
　　（ア）1月〜4月
　　（イ）3月〜5月
　　（ウ）6月〜8月
　　（エ）7月〜9月
　　（オ）3月〜11月

問4　モンシロチョウの成虫が，植物の近くを飛んでいる姿がよく見られます。この理由を次の（ア）〜（オ）からすべて選び，記号で答えなさい。
　　（ア）蜜を吸うから。
　　（イ）卵を産むから。
　　（ウ）葉を食べるから。
　　（エ）植物に群がる昆虫を食べるから。
　　（オ）アオムシコマユバチがいるから。

問5　下の表1は，モンシロチョウが，卵→幼虫（1齢～5齢）→さなぎ→成虫と成長するにしたがって，個体数が変化する様子を示しています。産卵数を100，卵から成虫になるまでの期間を30日と仮定しました。後の問いに答えなさい。

表1

発育段階	卵	1齢	2齢	3齢	4齢	5齢	さなぎ	成虫
産卵後，その段階になるまでにかかった日数	0	3.8	6.6	9.4	12.2	16.5	22.8	30
その段階になった時の最初の個体数	100	86	47	40	37	30	5	2

（1）各発育段階の1日あたりの死んだ数を表1から求めました。下の表2の（ア）～（ウ）に当てはまる数字を小数第2位を四捨五入し，小数第1位まで答えなさい。

表2

発育段階	卵	1齢	2齢	3齢	4齢	5齢	さなぎ
期間(日)	（ア）	2.8	2.8	2.8	4.3	6.3	7.2
死んだ数	14	39	7	3	7	25	3
1日あたりの死んだ数	3.7	（イ）	2.5	1.1	（ウ）	4.0	0.4

（2）表2より，モンシロチョウの一生における，1日あたりの死んだ数が最も多い発育段階の時期を答えなさい。また，次のページのグラフを参考にして，その主な死んだ理由を次の（ア）～（エ）から2つ選び，記号で答えなさい。ただし，グラフは発育段階における死んだ割合（％）をそれぞれ示しています。死んだ割合は，各発育段階の間に死んだ数の割合です。

（ア）落ちて死んでしまうから。

（イ）病気で死んでしまうから。

（ウ）おぼれて死んでしまうから。

（エ）他の生物に食べられて死んでしまうから。

3　次の文は，岡山県のある日の天気予報（天気概況）です。これを読んで，後の問いに答えなさい。

　岡山県では，今夜のはじめ頃まで土砂災害や低い土地の浸水，河川の増水，落雷に注意して下さい。
　岡山県では，高気圧に覆われて概ね晴れています。
　今日は，高気圧に覆われて概ね晴れますが，暖かく湿った空気や強い日射の影響で大気の状態が不安定となるため，雨や雷雨となり激しく降る所があるでしょう。
　高温が予想されるため，　A　予防など健康管理に注意してください。

　　　　　　　　　　　　　　　　　　気象庁のホームページより

問1　上の天気予報は，何月のものですか。次の（ア）～（エ）から1つ選び，記号で答えなさい。
　　（ア）2月　　　　　（イ）5月　　　　　（ウ）8月　　　　　（エ）11月

問2　上の天気予報が出されている日に，激しく雨が降るのは何と呼ばれる雲からですか。次の（ア）～（ク）から1つ選び，記号で答えなさい。
　　（ア）きり雲　　　（イ）すじ雲　　　（ウ）おぼろ雲　　　（エ）ひつじ雲
　　（オ）入道雲　　　（カ）わた雲　　　（キ）うす雲　　　（ク）雨雲

問3　雲の量や色，雲ができる場所や雲の形などを観察して，天気を予想することを何と呼びますか。

問4　上の天気予報のように，限られた地域で，短い時間に多くの雨が激しく降ることを何と呼びますか。

問5　上のような天気予報の日には，健康管理にも注意しなければいけません。消防庁では，　A　について次のような注意を発表しています。上の天気予報の文中の　A　と，次の文中の　B　に当てはまる語を書きなさい。

　○　部屋の温度をこまめにチェック！
　○　室温 28 ℃を超えないように，エアコンや扇風機を上手に使いましょう！
　○　のどが渇いたと感じたら必ず　B　！
　○　のどが渇かなくてもこまめに　B　！
　○　外出の際は体をしめつけない涼しい服装で，日よけ対策も！

次の表は，前のページの天気予報と同じ日に，岡山市内のある場所に設置してある装置によって，自動的に気温や降水量，風速，湿度などを観測，記録したものの一部です。これについて，後の問いに答えなさい。必要なら，次のページのグラフ用紙を使用しなさい。

時刻	気温	降水量	風速	湿度
時	℃	mm	m	%
1	29.6	0	1.7	76
2	29.1	0	1.1	77
3	28.7	0	1.5	81
4	27.9	0	1.1	83
5	27.6	0	1.2	83
6	27.3	0	1.2	84
7	28.3	0	0.8	78
8	29.6	0	1.3	73
9	31.9	0	2.6	66
10	34.1	0	3.1	56
11	34.7	0	2.6	52
12	35.6	0	2.1	51

時刻	気温	降水量	風速	湿度
時	℃	mm	m	%
13	36.4	0	3.4	50
14	36.9	0	5.4	49
15	36.6	0	2.9	47
16	36.2	0	3.9	51
17	35.3	0	4.1	53
18	32.7	0	8.8	60
19	31.7	0	2.9	63
20	31.1	0	1.7	63
21	30.3	0	2	65
22	29.6	0	1.5	69
23	29.4	0	1.8	71
24	28.6	0	1	76

＊降水量；降ってくる雨や雪の量を表しています。
＊風速；1秒当たりの空気の移動距離をm単位で表しています。

問6　このように，装置で自動的に気温や降水量などを観測，集計するしくみを何と呼びますか。

問7　上の表が示している日の最低気温は，5時56分に観測されました。この日の最低気温は何℃であったと考えられますか。次の（ア）～（オ）から最も近いものを選び，記号で答えなさい。また，この日は，最低気温が25℃より低くなりませんでした。このような夜を何と呼びますか。
（ア）25.4℃　　　　（イ）26.0℃　　　　（ウ）26.6℃　・　（エ）27.2℃
（オ）27.6℃

問8　上の表が示している日の最高気温は，何時頃に観測されたと考えられますか。次の（ア）～（エ）から1つ選び，記号で答えなさい。また，この日は，最高気温が35℃以上になりました。このような日を何と呼びますか。
（ア）9時～11時　　　　（イ）11時～13時　　　　（ウ）13時～15時
（エ）15時～17時

問4　次の（1）～（3）の実験器具を正しく使って，安全に実験をする方法に関する（ア）～（エ）の文から，誤っているものを1つずつ選び，記号で答えなさい。

（1）アルコールランプ
　（ア）ランプを手に持ったまま火をつけない。
　（イ）燃料補給は，火を消し，芯の先の部分がさめてからする。
　（ウ）ランプの消火は，ふたを真上からサッとすばやく落とすように行う。
　（エ）燃料アルコールが約8分目程度入った状態で使用する。

（2）試験管
　（ア）試験管は，3点支持（親指，人差し指，中指）でもつ。
　（イ）かたい物は，試験管を傾け，滑らせて底に入れる。
　（ウ）加熱する液体を入れる場合は，約5分の1～約4分の1にする。
　（エ）試験管に入れた液を加熱するときは，少し傾けて持ち，加熱を続けても試験管を動かさない。

（3）ビーカー（ただし，右ききの人が操作する場合）
　（ア）液体が入っているビーカーを片手でもつ場合，縁のひろがり部のすぐ下を，つぎ口が左向きになるように持つ。
　（イ）ビーカーの目盛りを使って，液体の体積を正確にはかる。
　（ウ）液体は，ガラス棒に伝わらせて注ぐ。
　（エ）中の液をかきまわすガラス棒の先には，われるのを防ぐためにゴム管をはめる。

　次に，前ページの[　　　　　]内の水溶液のうち，ある濃さの塩酸（これをX液とする）とある濃さの水酸化ナトリウム水溶液（これをY液とする）を使い，酸とアルカリの中和に関する【実験5】～【実験7】を行いました。

【実験5】　X液20cm³とY液30cm³を混合すると，溶液は中性になり，この混合溶液を蒸発皿に入れて加熱すると，0.50gの固体が残りました。

【実験6】　X液30cm³とY液50cm³を混合し，【実験5】と同様に加熱すると，0.80gの固体が残りました。

【実験7】　X液とY液を合わせて100cm³となるように混合したところ，塩化ナトリウムが0.90g生じて，混合後の水溶液はアルカリ性になりました。

問5　【実験6】で混合後の水溶液にBTB溶液を加えると，何色になりますか。

問6　【実験5】，【実験6】より，Y液10cm³中に溶けている水酸化ナトリウムは何gですか。

問7　【実験7】で用いたY液の体積は何cm³ですか。

－ 12 －

5 　乾電池とソケットに入れた豆電球，発光ダイオード(青・赤・緑)を用いて，
図2（次のページ）の①～⑥の回路を作成し，明かりをつける実験をしました。使用
している乾電池，豆電球はそれぞれすべて同じもので，発光ダイオード(A～U)は
色以外はすべて同じものです。ただし，豆電球および発光ダイオードの明るさは色
によらず，流れる電流が大きいほど明るいものとします。また，豆電球や発光ダイ
オードには，導線だけのときに比べて，電流を流れにくくする性質があり，豆電球
の方が発光ダイオードより流れにくくします。

　図1のように，豆電球，青・赤・緑の発光ダイ
オードを直列に接続してスイッチを入れると，すべて
の明かりがつきました。発光ダイオードは豆電球と
違って，決まった向きにしか電流を流さないことに
注意して，以下の問いに答えなさい。ただし，答え
は1つとは限りません。

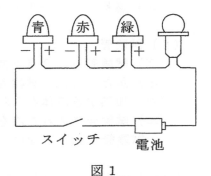

図1

問1　図2の①～⑥の回路で，点灯している発光ダイオードの総数を色ごとに答え
　　なさい。

問2　最も明るい発光ダイオードはどれですか。図2のA～Uから選び，記号で答
　　えなさい。

問3　最も明るい豆電球はどれですか。図2のア～カから選び，記号で答えなさい。

問4　点灯している豆電球のうちで最も暗い豆電球はどれですか。図2のア～カか
　　ら選び，記号で答えなさい。

問5　豆電球をソケットから外しても点灯している発光ダイオードはどれですか。
　　図2のA～Uから選び，記号で答えなさい。

問4　さらに，棒を水平に保ちながら，容器に水を少しずつ入れていくと，途中で棒が傾き始めました。
　（1）棒が傾き始めたのは，容器内の水の重さが何gより重くなったときですか。
　（2）入れた水の重さ[g]と，ばねばかり①の読み[g]の関係を，グラフに表しなさい。このとき，横軸（容器に入れた水の重さ）が0gと350gのときの縦軸（ばねばかりの読み）の数値も記入しなさい。ただし，棒が傾いた後のばねばかり①の読みは，0gとします。

問5　図3のように，容器の中に水が入ってない状態に戻し，棒が水平になるように，Bから20cmの点とAから5cmの点に糸をつけ，2つのばねばかり①，②で支えた後，柱を取り除きました。このときのばねばかり②の読みは何gですか。

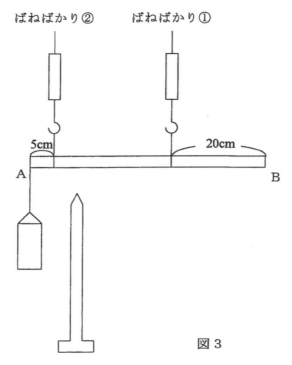

図3

問6　図3の状態から，容器をつるす糸の位置だけ動かして，棒を水平に保ちながら，容器に水を少しずつ入れていきます。
　（1）容器いっぱいに水を入れても，棒が傾かないようにするには，容器の糸をAから何cm以上動かせばよいですか。
　（2）容器の糸を動かす距離がAから5cmのとき，入れた水の重さ[g]と，ばねばかり②の読み[g]の関係を，グラフに表しなさい。このとき，横軸が0gと350gのときの縦軸の数値も記入しなさい。

5

(1)

(2) (ア)

t

(イ)

時間　　　分

受験
番号

得
点

※100点満点
（配点非公表）

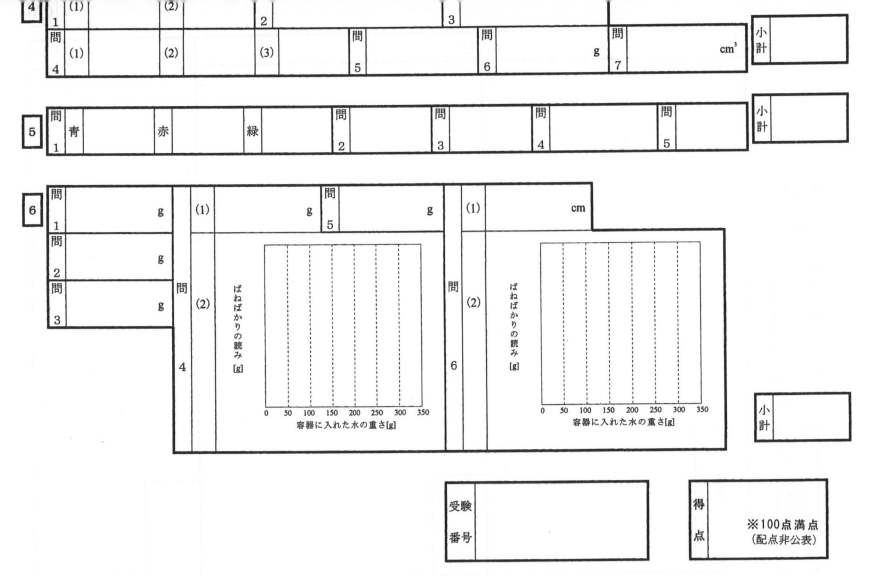

4

問1	(1)	(2)	2	3	小計

問4	(1)	(2)	(3)	問5	問6 g	問7 cm³

5

問1	青	赤	緑	問2	問3	問4	問5	小計

6

問1	g
問2	g
問3	g

問4	(1)	g	問5	g	g

（2）ばねばかりの読み[g]

0 50 100 150 200 250 300 350
容器に入れた水の重さ[g]

問6	(1)	cm

（2）ばねばかりの読み[g]

0 50 100 150 200 250 300 350
容器に入れた水の重さ[g]

小計

受験番号

得点 ※100点満点（配点非公表）

平成２６年度　岡山白陵中学校入学試験　　理　科　解　答　用　紙

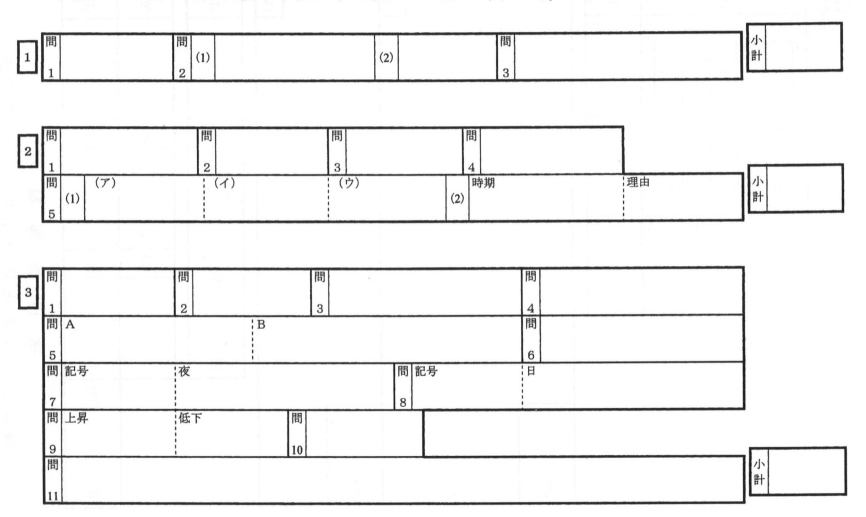

1

(1)		(2)		(3)	g	(4)	分
(5)	試合	(6)	°	(7)			

2

(1)		(2) 頂点	回数　　回

3

(1)

cm³

(2)

cm²

4

(1) ①	②	③

(2)

(ア)

(イ)

個

6 図1のように，両端ＡＢ間の長さが 50cm，重さが 100g の棒のＡから 10cm の点を柱の先（支点）で支え，Ａに筒状の容器を糸（重さが無視できる）でつるしました。容器には最大で 350g まで水を入れることができます。棒は，太さが無視でき，重さがその真ん中に集まっていると考えてよいものとします。次の問いに答えなさい。

問１ 図１の状態で，容器の中に水が入ってないとき，棒が水平につりあいました。容器の重さは，何 g ですか。

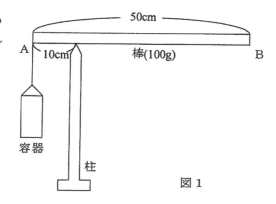

A 10cm 棒(100g) B
50cm
容器
柱
図1

問２ 容器に水を 200g 入れたとき，支点の位置を変えずに棒を水平のままにするには，Ｂに何 g のおもりをつるせばよいですか。

問３ 容器の中に水が入ってない状態に戻し，図２のように，棒が水平になるように，Ａから 5cm の点に支点を移動し，Ｂから 20cm の点に糸をつけ，ばねばかり（ばねを使ったはかり）①で支えました。このときのばねばかり①の読みは，何 g ですか。

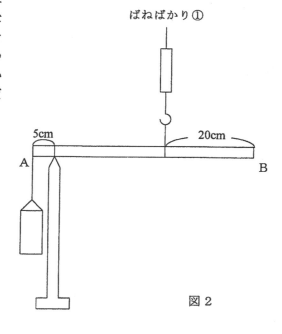

ばねばかり①
5cm 20cm
A B
図2

H26. 岡山白陵中
K 教英出版

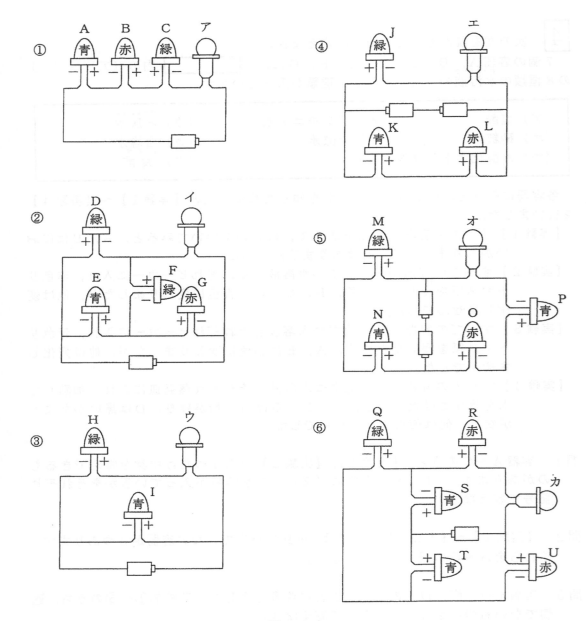

図 2

$\boxed{4}$　次の文を読んで，後の問いに答えなさい。

　7個の容器Ａ，Ｂ，Ｃ，Ｄ，Ｅ，Ｆ，Ｇには，$\boxed{\qquad\qquad}$内の（ア）～（ク）の8種類の水溶液のうち，どれか1種類が入っています。

（ア）塩酸	（イ）アンモニア水	（ウ）石灰水
（エ）砂糖水	（オ）炭酸水	（カ）食塩水
（キ）水酸化ナトリウム水溶液		（ク）食酢

　各容器にそれぞれ何が入っているかを知るために，次の【実験1】～【実験4】を行いました。

【実験1】すべての容器のふたを取って，においをかいでみると，Ａ，Ｂはにおいがありましたが，他はありませんでした。

【実験2】すべての容器から少量ずつ水溶液をそれぞれビーカーに入れ，赤色リトマス紙を浸したところ，Ｂ，Ｃ，Ｇは青色に変わりましたが，他は変化しませんでした。

【実験3】すべての容器から少量ずつ水溶液をそれぞれビーカーに入れ，青色リトマス紙を浸したところ，Ａ，Ｅは赤色に変わりましたが，他は変化しませんでした。

【実験4】すべての容器から少量ずつ水溶液をそれぞれ蒸発皿に入れ，加熱して水を蒸発させたところ，Ｃ，Ｆ，Ｇは白い粉が残り，Ｄは黒いかたまりが残り，他は何も残りませんでした。

問1　容器Ａ～Ｇのうち，【実験1】，【実験2】から1つだけ中身を特定できるものがあります。（1）どの容器に（2）どの水溶液が入っているかをそれぞれ記号で答えなさい。

問2　【実験1】～【実験4】だけでは，中身を特定できない容器が3つあります。それらをＡ～Ｇの記号で答えなさい。

問3　実験を行う際，以下のようなことに注意しました。下線部①～⑤のうち，適切でないものを2つ選び，番号で答えなさい。

　　実験中は，近所に迷惑をかけないように①窓を閉め，においのある気体が外に逃げないように気をつけました。実験で用いた水溶液は，②ポリ容器に回収しました。しかし，③酸性の水溶液とアルカリ性の水溶液を回収したとき，適度に中和されているので，水道水を流しながら，流しに捨てました。また，実験を行っている途中，水溶液が手についてしまったので，④水道水で時間をかけて念入りに洗いました。容器の中身をなめてみれば，（エ）や（カ）の水溶液は特定できるかもしれないと考えましたが，⑤危険な水溶液もあるので，水溶液が口に入らないように気をつけましたが，安全めがねは使用しませんでした。

－11－

問9　前ページの表をもとに，気温が最も急に上昇した時間帯と，気温が最も急に低下した時間帯を，次の（ア）～（カ）から1つずつ選び，記号で答えなさい。

（ア）4時～6時　　　　（イ）6時～8時　　　　（ウ）8時～10時

（エ）11時～13時　　　（オ）16時～18時　　　（カ）19時～21時

問10　前ページの表から，湿度についてどのようなことが考えられますか。次の（ア）～（エ）から正しいものを1つ選び，記号で答えなさい。

（ア）気温と湿度には関係がない。

（イ）気温が上昇すると湿度も上昇し，気温が低下すると湿度も低下する。

（ウ）気温が上昇すると湿度は低下し，気温が低下すると湿度は上昇する。

（エ）風が弱いと，湿度は低下する。

問11　一般に，晴れた日に，気温が最も高くなる時刻が，太陽が最も高くなる時刻よりしばらく後になる理由を書きなさい。

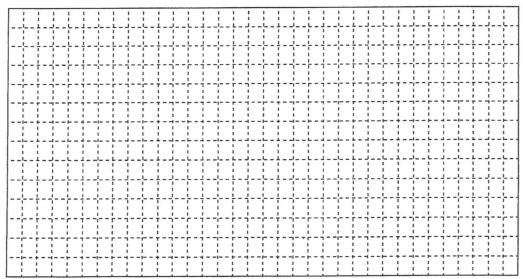

グラフ用紙

－ 10 －

次ページ以降にも問題が続きます。

H26. 岡山白陵中
Ⓚ教英出版

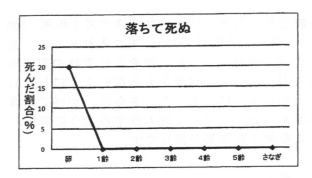

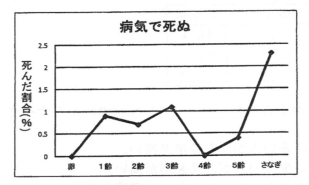

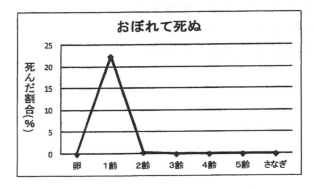

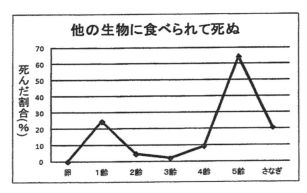

【実験３】底面積が 50cm² の３つの容器を用意しました。シロイヌナズナの種 1500 個を，土 600cm³ とよく混ぜ合わせ，３つの容器に 200cm³ ずつ入れました。光は，蛍光灯の光，赤色の光，緑色の光を用意しました。光をそれぞれの容器の上から均一に当たるようにしましたが，側面からは光が入らないようにしました。また，異なる種類の光が混ざらないようにしました。さらに，すべての容器で，土の中の水分量と部屋の温度を，発芽にとって最も適するように調節しました。２週間後に発芽した種の数を数えた結果が表３です。

表３

光の種類	発芽した数	発芽率
蛍光灯の光	30	6.0 %
赤色の光	31	6.2 %
緑色の光	0	0 %

問３　【実験１】～【実験３】からわかることを，次の（ア）～（カ）からすべて選び，記号で答えなさい。
（ア）一定量の土に含まれる種の数が多い方が，発芽率が高い。
（イ）一定量の土に含まれる種の数が少ない方が，発芽率が高い。
（ウ）種にある程度以上の強さの蛍光灯の光が当たらないと発芽しない。
（エ）種に蛍光灯の光が当たっても当たらなくても，発芽する。
（オ）種に赤色の光が当たると，緑色の光より発芽しやすい。
（カ）種に緑色の光が当たると，赤色の光より発芽しやすい。

Ⅱ. シロイヌナズナの種を用いて，種が発芽するための条件を調べるために，以下の【実験1】～【実験3】を行いました。ただし，種は小さいので，土と混ぜても，土の体積は変わらないものとします。

【実験1】右の図のような，2つの円筒形の容器を用意しました。一方の容器は，底面積が 50cm² で，他方の容器は，底面積が 100cm² です。シロイヌナズナの種 1000 個を，土 400cm³ とよく混ぜ合わせ，2つの容器に 200cm³ ずつ入れました。蛍光灯の光が，容器の上から均一に当たるようにしましたが，側面からは光が入らないようにしました。さらに，土の中の水分量と部屋の温度を，発芽にとって最も適するように調節しました。2週間後に発芽した種の数を数えた結果が表1です。発芽率とは，容器の中の種に対する発芽した種の割合です。

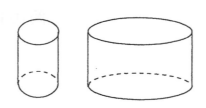

表1

容器の底面積	発芽した数	発芽率
50cm²	32	6.4 %
100cm²	63	12.6 %

　その後，発芽した種をすべて取り除き，それぞれの容器に残っている種と土をよく混ぜ合わせた後，上と同じ条件で実験を行いました。2週間後に発芽した種の数を数えた結果が表2です。

表2

容器の底面積	発芽した数	発芽率
50cm²	30	6.4 %
100cm²	55	12.6 %

【実験2】【実験1】と同じ条件で，種と混ぜ合わせた土の上にさらに厚さ 3mm 分だけ，種を含まない土をかぶせて実験を行いました。その結果，どちらの容器でも，発芽した種はありませんでした。

平成２６年度

岡山白陵中学校入学試験問題

理　科

| 受験 | |
| 番号 | |

注　意　1.　時間は60分で100点満点です。
　　　　2.　問題用紙と解答用紙の両方に受験番号を記入しなさい。
　　　　3.　開始の合図があったら，まず問題が1ページから16ページまで，順になっているかどうかを確かめなさい。
　　　　4.　解答は解答用紙の決められたところに書きなさい。

5 　ある運送会社にはA，Bの2台のトラックがあります。Aは2tまで荷物が積め，荷物を積んでいないときは時速120kmで走り，荷物を100kg積むごとに時速3kmずつ遅くなります。Bは4tまで荷物が積め，荷物を積んでいないときは時速100kmで走り，荷物を100kg積むごとに時速1kmずつ遅くなります。

　　A，Bのトラックを1台ずつ使用し，荷物をP地点から50km離れたQ地点まで，P地点を同時に出発して運びます。このとき，次の各問いに答えなさい。ただし，運転手の重さや，荷物を積んだり積み替えたりするのにかかる時間は考えません。また，1tは1000kgです。

（1）　1200kgの荷物をA，Bに分けて積み，できるだけ早くQ地点まで運びます。このときの，A，Bに積む荷物の重さの比を求めなさい。

（2）　A，Bは1回にできる限りの荷物を積むものとして，ある量の荷物をP，Q地点を往復しながらすべて運びます。Aが5回目にQ地点についた後，P地点に戻っている途中でBに出会い，P地点の荷物がすべて積み終わったことを告げられました。そこで，Bに積まれていた荷物の半分をAに積み替え，同時にQ地点に向かったところ，同時にQ地点につきました。

（ア）最初P地点にあった荷物の重さは何tですか。

（イ）荷物をすべてQ地点に運ぶのにかかった時間は何時間何分ですか。

（2） 真上から見た形が下の図のような, 底面が一辺 5cm の正方形で高さ 1cm の「型枠」を 5 つ重ね合わせ, 下から 1 段目, 2 段目, …, 5 段目とする, 「型枠 2」を考えます。「型枠 2」にブロック A は最大何個入るかを,（1）と同じ方法で考えます。ただし, 各段は下の図の向きで, ＊の部分が重なるように積んであるものとします。各「型枠」には底はないので, 2 つの段にまたがって, ブロック A を置くこともできます。また, 各「型枠」の点線で囲まれる四角形のうち, 最も小さいものは, 一辺 1cm の正方形です。

1 段目　　　　2 段目　　　　3 段目　　　　4 段目　　　　5 段目

（ア）　「型枠 2」の 1 段目の Q の位置に黒色のブロックを入れるものとして,（1）と同じ操作 X を行うとき, 4 段目の「型枠」について, 黒色の立方体のブロックを入れるべき場所を斜線で示しなさい。

（イ）　「型枠 2」にブロック A は最大何個入りますか。

　　（解答用紙には, 答えのみを書きなさい）

（2）　底面が一辺 8cm の正方形の形をした，ふたのない箱があります。図1はそれを真上から見た図です。Aから球を1つ，図1の太線のように打ち出します。球は箱の側面にあたるたびに図2のように同じ角度ではねかえります。Aから打ち出された球が，次に正方形の頂点にくるとき，その頂点はどこですか。また，それまでにはねかえった回数も答えなさい。ただし，球の大きさは考えないものとします。

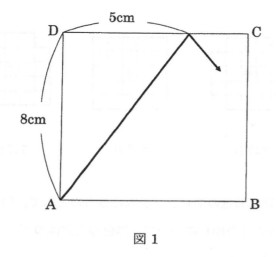

図1

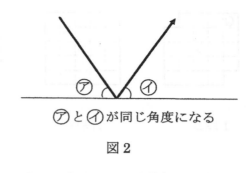

⑦と④が同じ角度になる

図2

H26. 岡山白陵中
K教英出版

2 次の各問いに答えなさい。(解答用紙には，答えのみを書きなさい)

（1） 次の数はある規則にしたがって並んでいます。左から数えて 1240 番目の数を答えなさい。ただし，必要ならば$1+2+3+4+\cdots+50=1275$ を用いなさい。

1, 1, 2, 1, 2, 3, 1, 2, 3, 4, 1, 2, 3, 4, 5, 1, 2, ・・・

平成26年度

岡山白陵中学校入学試験問題

算　　数

受験	
番号	

注　意　1.　時間は60分で100点満点です。
　　　　2.　問題用紙と解答用紙の両方に受験番号を記入しなさい。
　　　　3.　開始の合図があったら，まず問題が1ページから8ページ
　　　　　　まで，順になっているかどうかを確かめなさい。
　　　　4.　特に指示のない問いは，考え方や途中の式も書きなさい。

問題は次のページから始まります。

1

次の各問いに答えなさい。(**解答用紙には，答えのみを書きなさい**)

（1） 次の計算をしなさい。

$$\left\{\left(\frac{7}{3}-0.5\div\frac{6}{7}\right)\times\frac{5}{14}+1.5\div\frac{8}{9}\right\}\div\frac{3}{8}$$

（2） □にあてはまる数を求めなさい。

$$0.9+8\div\left\{□\times8-\left(0.2-\frac{9}{65}\right)\div\frac{2}{13}\right\}=2.5$$

（3） 20%の食塩水 100g から水を 20g 蒸発させ，そこに濃度のわからない食塩水を 120g 加えたところ，濃度が 16%になりました。加えた食塩水の濃度を求めなさい。

（4） 次の数字はある規則に従って並んでいます。左から数えて 1000 番目の数字を答えなさい。ただし，$1+2+3+4+\cdots+40=40\times(1+40)\div2$ であることを参考にしなさい。

1, 2, 2, 3, 3, 3, 4, 4, 4, 4, 5, 5, 5, 5, 5, 6・・・

（4） 下の図の四角形 ABCD は平行四辺形で，∠イと∠ウの大きさの比が 3：4，∠エ
と∠オの大きさが等しくなっています。∠カの大きさが 81°のとき，∠キの大きさを
求めなさい。

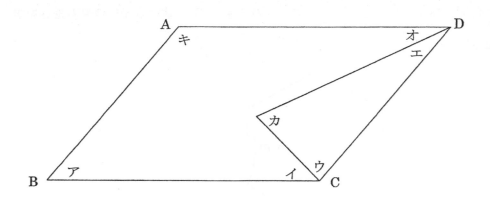

3 　長さ 6cm のひもがあります。このひもの一端をA，反対側の一端をB とします。A
を固定して，たるむことのないようにひもを動かしていくとき，次の各問いに答えな
さい。ただし，円周率は3.14 とし，ひもの太さは考えないものとします。

（1）　下の図のように，1 辺の長さが 3cm の正六角形の一つの頂点に A を固定して，
　　　正六角形の外側でひもを動かします。このとき， B が動ける部分の線の長さを求
　　　めなさい。

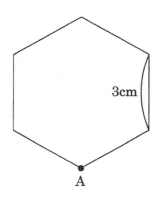

3cm

A

（このページに問題はありません。）

5 ある線路上を長さ 100m の列車が走っています。その線路上にはいくつかのトンネルがあり，トンネルの長さはすべて 800m です。このとき，次の各問いに答えなさい。ただし，列車の先頭がトンネルにさしかかったときを『通過し始める』とし，最後尾がトンネルを抜けたときを『通過し終わる』とします。

（1） 2 つのトンネル A，B があり，A と B の間は 30km です。時速 90km の列車が A を通過し始めてから，B を通過し終わるまでにかかる時間は何分何秒ですか。

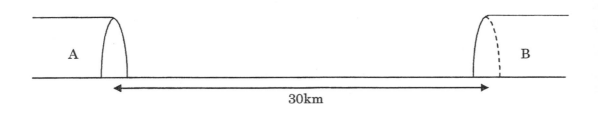

（2） (1)と同じように列車が走っているときに，途中でトラブルがあり，修理のために 5 分間停車しました。修理が終わってからは時速 60km で走ったところ，(1)にかかった時間より 14 分遅れて B を通過し終わりました。途中で列車が停車したのは列車が A を通過し終わってから何 km 走ったところですか。

1 次の文を読んで，後の問いに答えなさい。

　植物が育つために，日光がどのように関わっているのかを調べる実験を行いました。実験材料として【実験1】と【実験2】はすべて緑色の葉のアサガオ，【実験3】では「ふ」入りの葉のアサガオを使いました。葉の「ふ」の部分は白色です。

【実験1】

（1）図1のようにアサガオを用意し，日光に6時間当てました。
（2）その葉を，約60℃の湯に入れてやわらかくしました。
（3）温めた（　ア　）に葉を入れて，葉の緑色を溶かし出しました。
（4）葉を，湯に入れて洗いました。
（5）葉を，うすい（　イ　）にひたして色を確認しました。

図1

【実験2】

　【実験1】の（1）の操作の後，暗所に18時間置きました。
　その後は【実験1】の（2）〜（5）と同じ操作を行いました。

【結果】実験1，2の結果は，右表のようになりました。

| 実験1 | 葉は，青 紫 色に変化した。 |
| 実験2 | 葉の色は変化しなかった。 |

問1　実験1の（　ア　），（　イ　）に入る薬品の名前を答えなさい。

問2　実験1の結果，葉では何が作られたと考えられますか。

問3　実験2の結果から次の文のようなことが考えられます。文中の（　ウ　），（　エ　）に入る語を答えなさい。
　　　葉で作られたものは，（　ウ　）に溶けるものに変わって，からだ全体に運ばれます。そして，成長するための（　エ　）として使われます。

【実験3】図2のように，アルミホイルで葉の一部をおおいました。その後，【実験1】と同じ操作を行いました。
　　※　アルミホイルの部分は斜線で表しています。

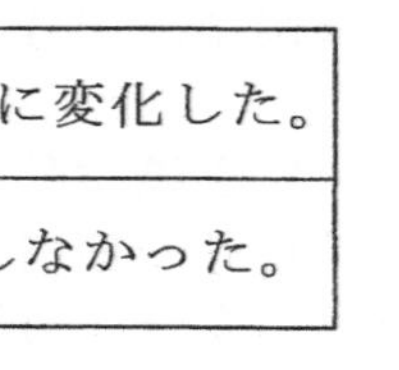

問4　実験3の結果，青紫色になる部分を黒く塗りつぶしなさい。

ふ

アルミホイル

図2

― 1 ―

2 女性の体内でつくられた卵と男性の体内でつくられた精子が結びつき，受精卵になります。受精卵は，女性の体内にある子宮で育ちます。以下の問いに答えなさい。

問1 ヒトの卵の直径とヒトの精子の長さはそれぞれおおよそどれくらいですか。組み合わせとして正しいものを，次の（ア）～（カ）から1つ選び，記号で答えなさい。

	卵の直径（mm）	精子の長さ（mm）
（ア）	0.014	0.06
（イ）	0.014	0.6
（ウ）	0.14	0.06
（エ）	0.14	0.6
（オ）	1.4	0.06
（カ）	1.4	0.6

問2 次の（ア）～（カ）の文は，子宮での赤ちゃんの育ち方について説明しています。時期の早い順に並べた時，2番目と4番目にあたる文をそれぞれ1つずつ選び，記号で答えなさい。

（ア）心臓が動き始める。
（イ）骨や筋肉が発達し，からだが活発に動き始める。
（ウ）女性か男性かが区別できるようになる。
（エ）子宮の中で回転できないぐらいに，大きくなる。
（オ）目や耳ができてくる。
（カ）かみの毛やつめが生える。

問3 4月30日にヒトの卵が受精したとすると，出産予定日はいつ頃になりますか。次の（ア）～（エ）から1つ選び，記号で答えなさい。

（ア）12月20日 （イ）1月20日 （ウ）2月20日 （エ）3月20日

問4 ヒトと同じように，親と同じ姿で母親から生まれてくる動物を，次の（ア）～（カ）からすべて選び，記号で答えなさい。

（ア）メダカ （イ）イルカ （ウ）ペンギン （エ）ニワトリ
（オ）カマキリ （カ）ウサギ

問5　地層中の岩石を採集し，双眼顕微鏡で観察すると，角ばった粒が多く，透明な粒も見られるのはどの層ですか。次の(ア)～(オ)から1つ選び，記号で答えなさい。

（ア）砂岩の層　　　　　（イ）でい岩の層　　　　　（ウ）れき岩の層
（エ）石灰岩の層　　　　（オ）火山灰の層

問6　砂岩，でい岩，れき岩のうち，粒が最も大きいのはどれですか。

問7　図2の石灰岩には化石が含まれていましたが，化石について正しいものを次の(ア)～(オ)からすべて選び，記号で答えなさい。

（ア）地層の中から恐竜の骨と足跡が見つかった場合，骨は化石であるが，足跡は化石ではない。
（イ）ヒマラヤ山脈の高い所では，アンモナイトなどの化石が発見されることから，昔は海の底だったことがわかる。
（ウ）陸上で生活していた生物の化石も，海や湖の底でできた地層から発見されることが多い。
（エ）恐竜の化石は，福井県からは見つかっているが，日本の他の地域からは見つかっていない。
（オ）シジミの化石が出てきたら，その層が堆積したのは，深い海の底であったことがわかる。

問8　図2の石灰岩の層が堆積した時の環境は，どのようだったと考えられますか。次の(ア)～(オ)から1つ選び，記号で答えなさい。

（ア）浅くて暖かい海
（イ）浅くて冷たい海
（ウ）深くて冷たい海
（エ）高い山の上
（オ）大きな川の底

問9　地震や火山について，正しいものを次の(ア)～(カ)からすべて選び，記号で答えなさい。

　(ア)　断層は横(水平方向)にずれることはあるが，上下にずれることはない。
　(イ)　断層は横(水平方向)にずれることはないが，上下にずれることはある。
　(ウ)　火山が噴火すると，火口から溶岩や火山灰，火山ガスがふき出て，災害が起こることがある。
　(エ)　日本では，火山が噴火すると，火山灰は火口より東の地域に堆積する傾向がある。
　(オ)　富士山は，噴火を繰り返すことによってできた山である。
　(カ)　最近の 30 年間をみると，火山の噴火は東日本ではたびたび起こっているが，西日本では起こっていない。

II．ユイさんは，夏休みを利用して，富山県に家族旅行に行きました。富山駅より富山地方鉄道に乗り，立山の旅館に着きました。電車に乗車中，線路脇を流れる常願寺川が見えました。常願寺川は日本の河川の中でも，水源から河口までの距離が短く，傾きがとても大きいことを，お父さんから聞きました。

　ユイさんは，理科の授業の“川の流れのはたらき”で，常願寺川を学習したことを思い出し，2 日目には，常願寺川に沿って，さらに上流へとたどりながら観察を行いました。

　右の図4は，ある地点での常願寺川のようすをスケッチしたものです。以下の問いに答えなさい。

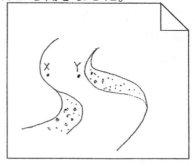

図 4

問3　用意した3種類の金属を，いずれもさらに細かい粉にして，同じ実験を行うと，発生する気体の体積と反応が終わるまでにかかる時間はどのようになりますか。正しいものを次の（ア）〜（オ）から1つ選び，記号で答えなさい。

（ア）体積は多くなるが，時間は長くなる。
（イ）体積は少なくなるが，時間は長くなる。
（ウ）体積は変わらないが，時間は短くなる。
（エ）体積は変わらないが，時間は長くなる。
（オ）体積も時間も変わらない。

問4　試験管Bの中に含まれる金属の組み合わせを答えなさい。

問5　鉄0.2gに問題文中の塩酸と同じ濃さの塩酸を40cm³加えると，気体は何cm³発生しますか。なお，反応する鉄の重さと発生する気体の体積は，比例するものとします。

問6　アルミニウム0.025gに問題文中の塩酸の0.25倍の濃さの塩酸を30cm³加えると，気体は何cm³発生しますか。なお反応するアルミニウムの重さと発生する気体の体積は，比例するものとします。

問7　アルミニウムと鉄をいろいろな割合で混ぜたもの0.5gに問題文中の塩酸を十分に加えて反応させた場合について，横軸にアルミニウムの重さ(g)，縦軸に発生した気体の体積(cm³)をとってグラフをかきなさい。

[5] 次の文を読んで，後のⅠ，Ⅱの問いに答えなさい。

　水たまりに落ちる雨つぶは，落ちた点から周囲に広がる波（水面波）をつくります。また，地震波は地球表面や内部を伝わる波であり，音もまた空気中を伝わる波です。このような波について考えてみましょう。

　上の例では，実際に水が流れているわけでもなく，地球表面や内部，空気が移動しているわけでもありません。このことからわかるように，波とは振動が次々と周囲に伝わっていく現象であると考えられます。また，波が発生する場所を波源といいます。雨つぶがつくる水面波の例では，雨つぶが落ちた点が波源であり，水が振動を伝えるものです。

Ⅰ．図1のように長いロープを用意し，一方の端を固定し，他方の端を持った手をすばやく上下に振動させることで，波を発生させることを考えます。

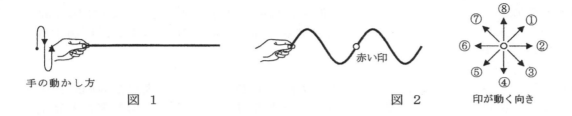

手の動かし方　　　　　図1　　　　　　　　　　　　図2　　　　印が動く向き

問1　この場合の，波源および振動を伝えるものは何ですか。それぞれ答えなさい。

問2　図1のように，上下に1回だけ振動させ終えた瞬間に，ロープにできる波のおおよその形を解答欄にかきなさい。

　次に，ロープ上のある点に赤いテープで印をつけて，波を発生させました。図2は，このときの，ある瞬間の様子を示したものです。

問3　次の瞬間，赤い印はどの向きに動きますか。図2中の①〜⑧から1つ選び，番号で答えなさい。

ＡＯとＯＢの部分の重さはどちらも 100g
で，説明図Ⅱのように，②では，板を重さの
無視できる棒と 2 つの 100g のおもりに変えて
考えています。また，③では，②の真下にお
もりを描いて，まっすぐな棒と 2 つの 100g の
おもりに変えて，考えています。つまり，説
明図Ⅱの①の板ＡＯ，ＯＢと②，③のおもり
は，点Ｏのまわりにどれも同じはたらきをす
るものとして，次の問いに答えなさい。

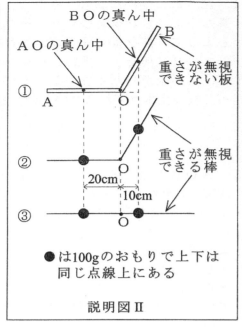

説明図Ⅱ

問1　図3で，Ａにあるおもりを板に沿ってＢへ動かすとき，Ａが上がり始めるの
　　は，おもりを何 cm より長く動かすときですか（ＡからＢまで動かす長さは 80cm
　　です）。

問2　図3の状態にもどし，図4のように，Ｂに 100g
　　のおもりをくっつけてそっと放しました。この後，
　　板はどうなりますか。正しいものを次の（ア）～
　　（エ）から 1 つ選び，記号で答えなさい。

　　（ア）ＡとＢが，床から同じ高さになって止まる。
　　（イ）ＡとＢが，交互に床に着いたり離れたりし続け
　　　　る。
　　（ウ）Ｂが，床に着いた状態で止まる。
　　（エ）Ａが，床に着いたまま動かない。

おもり
100g
おもり
100g
A　　　Ｏ　　床
60°
図4
B

問3　図3の状態にもどしました。Ｂに何 g より重いおもりをくっつけると，Ａが
　　上がり始めますか。

問4　図5のように，おもりを取り去り，BOの
　　真ん中に小さな溝をつくり，そこが支点にな
　　るように，溝を板と同じ幅の三角柱で支えま
　　した。Bに何gより重いおもりをくっつける
　　と，Aが上がり始めますか。ただし，溝によ
　　って板の重さは変わらないものとします。

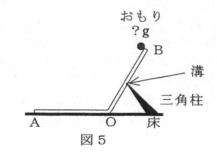

図5

問5　AOBと全く同じ「く」の字の形の板
　　A'O'B'を作り，図6のように，板A'O'
　　B'のA'を板AOBのOにほんの少しかか
　　るようにもぐり込ませました。B'に何g
　　より重いおもりをくっつけると，A'が上
　　がり始めますか。ただし，A'がOを支え
　　る重さに等しい重さがOからA'にかかっ
　　ているものとし，AOは水平とみなして
　　よいものとします。

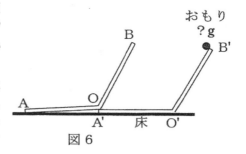

図6

問6　問5で作った板の両端A'B'を，図7のようにA
　　Bにのせました。この状態から板A'O'B'だけを水
　　平方向右向きに少しずつ動かしていくとき，AとA'
　　を観察すると，それぞれどうなりますか。正しいも
　　のを次の（ア）〜（カ）から1つ選び，記号で答え
　　なさい。

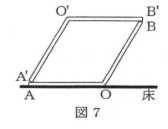

図7

（ア）板A'O'B'を動かさなくても，AとA'が同時に上がり始める。
（イ）A'がOまで動く前に，AとA'が同時に上がり始める。
（ウ）A'がOまで動く前に，A'だけが上がり始める。
（エ）A'をOまで動かして初めて，AとA'が同時に上がり始める。
（オ）A'をOまで動かして初めて，A'だけが上がり始める。
（カ）A'をOまで動かしても，AもA'も上がり始めない。

5

(1)

分　　　　秒

(2)

km

(3)

①　　　②

受験
番号

得
点　　※100点満点
　　　（配点非公表）

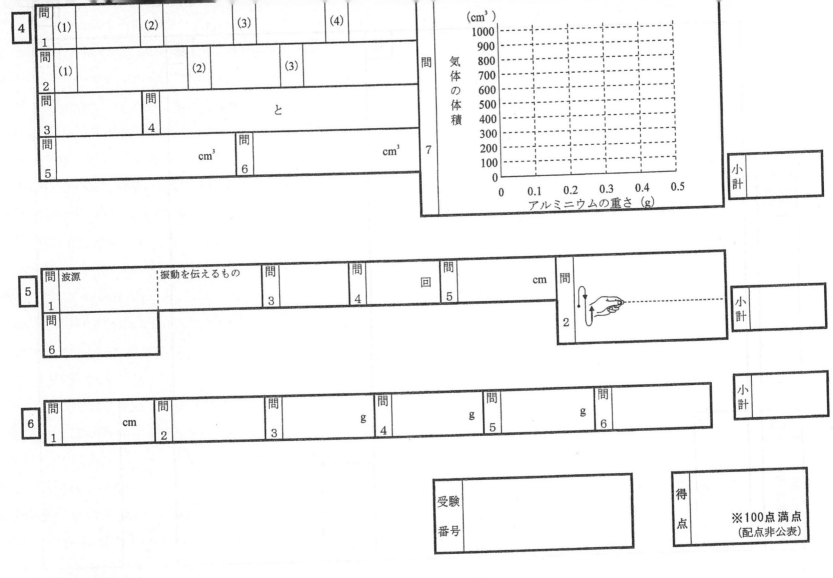

4

問1 (1) (2) (3) (4)

問2 (1) (2) (3)

問3 　問4 　と

問5 　cm³ 　問6 　cm³

問7

気体の体積 (cm³)

1000
900
800
700
600
500
400
300
200
100
0

0　0.1　0.2　0.3　0.4　0.5

アルミニウムの重さ (g)

小計

5

問1 波源 　振動を伝えるもの 　問3 　問4 　回 　問5 　cm 　問2

問6

小計

6

問1 　cm 　問2 　問3 　g 　問4 　g 　問5 　g 　問6

小計

受験番号

得点　※100点満点（配点非公表）

H27. 岡山白陵中
教英出版

平成２７年度　岡山白陵中学校入学試験　理 科 解 答 用 紙

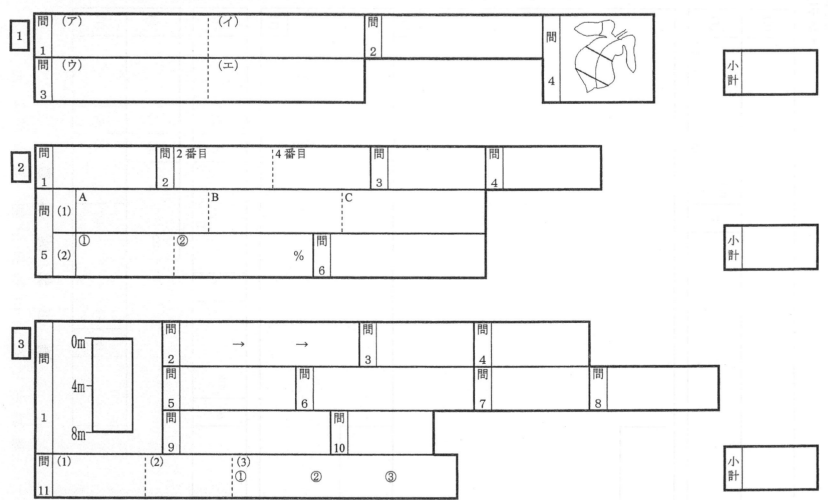

算 数 解 答 用 紙

1

(1)		(2)		(3)		%	(4)	

(5)	通り	(6)		cm^2

2

(1)	倍	(2)	A	B	(3)	cm^3	(4)	°

3

(1)

　　　　　　　　　　　　　　　　　　　　　　　　　cm

(2)

　　　　　　　　　　　　　　　　　　　　　　　　　cm^2

4

(1)	切断回数	基本サイズ	(2)	
	回	cm		

(3)	

6 　次の文を読んで，後の問いに答えなさい。

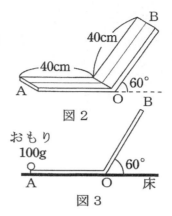
図1

　図1のように，どこも同じ幅と厚さで材質も同じ，長さ 80cm，重さ 200g の板があります。ただし，厚さは無視できるほど薄いものとします。

　図2のように，この板を真ん中で 60°折り曲げて，「く」の字の形にしました。板の両端をAとB，真ん中をOとします。これを水平な床の上に置いて，Aに 100g のおもりをのせ，真横から見ると，図3のようになりました。この後の問題では，板をいつも真横から見ることにします。

　板の上には，AからBまでの 80cm の線上の好きな点に，おもりをくっつける（固定する）ことができ，おもりの大きさは考えなくてよい（小さい）ものとします。

　説明図Ⅰのように，床から離れた板におもりをくっつけることは，その点（おもりがある点）の裏側から軽い糸でおもりをつるすことと，同じはたらきをするものとします。

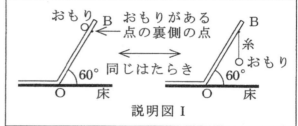
説明図Ⅰ

Ⅱ．図3のように，水が入った水そうの中央を，端に小球のついた棒で 0.5 秒ごとに
たたき，水面に波をつくる実験をしました。図4は，たたき始めてから1秒後の水
面のようすを真上から観察したものです。水そうの底には20cm 間隔に目盛が描い
てあり，真上から観察することで波の様子を正確にとらえることができます。ただ
し，波が水そうの壁にあたってはねかえることはなく，伝わる波が途中で遅くな
ったり，弱まったりすることがないものとします。

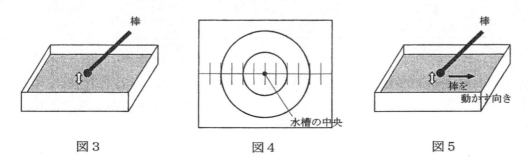

図3　　　　　　　　図4　　　　　　　　図5

問4　1回目に水面をたたいたときから，2.2 秒間に何回水面をたたきますか。1回目
　　を含めて答えなさい。

問5　この場合の波は，1秒間に何 cm の割合で進みますか。

　　次に，小球のついた棒を水そうの中央から図5の矢印の向きに 1 秒間に40cm の割
　合で直線的に動かしながら，水面を 0.5 秒ごとにたたくことを考えます。

問6　1.5 秒間棒を動かし続けたときに観察される波の様子を正しく示した図を，次の
　　(ア)～(エ)から 1 つ選び，記号で答えなさい。ただし，1回目に水面をたたいた
　　ときを時刻 0 秒とします。ただし，図中の・は水槽の中央を表しています。

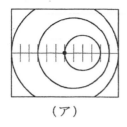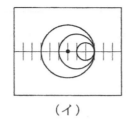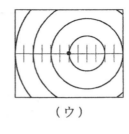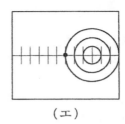

（ア）　　　　　　（イ）　　　　　　（ウ）　　　　　　（エ）

4 次の文を読んで，後の問いに答えなさい。

試験管Ａ，Ｂ，Ｃにはアルミニウム，鉄，銅のうち異なる２種類が0.1gずつ混ざって入っています。試験管Ａ～Ｃに入っている金属に，ある濃さの塩酸を加えていきました。反応する金属がすべて溶けるまでに加えた塩酸の体積，および発生した気体の体積は，下の表のようになりました。

試験管	A	B	C
加えた塩酸の体積(cm^3)	24	8	32
発生した気体の体積(cm^3)	120	40	160

またＡ～Ｃにうすい水酸化ナトリウム水溶液を加えると，ＡとＣからは気体が発生しましたが，Ｂからは発生しませんでした。なお３種類の金属のうち，１種類は塩酸にも水酸化ナトリウム水溶液にも溶けないことがわかっています。

問１　次の（１）～（４）の主な材料になっている金属を下の（ア）～（キ）からそれぞれ１つずつ選び，記号で答えなさい。ただし，同じ記号を２回以上選んでもよいものとします。
　（１）１円硬貨　　　　（２）１０円硬貨　　　（３）ジュースの缶
　（４）電気コード中の導線
　（ア）アルミニウム　　（イ）鉄　　　（ウ）銅　　　（エ）アルミニウムまたは鉄
　（オ）アルミニウムまたは銅　　　（カ）鉄または銅
　（キ）アルミニウムまたは鉄または銅

問２　上の実験で発生した気体はすべて同じです。

　（１）気体の名前を答えなさい。

　（２）この気体を集める装置を，
　　　　右の（ア）～（ウ）から１つ
　　　　選び，記号で答えなさい。

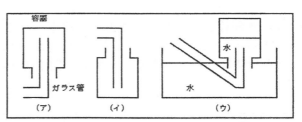

　（３）この気体の性質に関する文のうち，正しいものを次の（ア）～（オ）からすべて選び，記号で答えなさい。

　　（ア）火をつけると，青色の炎をあげて燃える。
　　（イ）この気体と酸素を混ぜて火をつけると，爆発する。
　　（ウ）無色であるが，鼻をさすようなにおいがある。
　　（エ）大気中に最も多く含まれる気体である。
　　（オ）石灰水に通すと白くにごる。

問 10 次の文は，ユイさんが 1 日目に電車内から観察したり，2 日目に歩きなが
　　ら観察した川の流れについて書いたものです。このうち，中流域(川が山の中
　　から平地に出たあたり)のようすとして当てはまるものを，次の(ア)〜(エ)か
　　ら 1 つ選び，記号で答えなさい。

（ア）川幅は狭く，水の量は少ないが，川の流れは速い。
（イ）川は蛇行し，内側には小石や砂でできた川原が広がり，外側はがけになっ
　　　ている。
（ウ）水の流れはゆるやかで，川幅は広く，水の量も多い。
（エ）角ばった大きな石が多く，丸い石はあまり見られない。

問 11 図 4 の X と Y の地点に関する次の問いに答えなさい。
（1）流れが速いのはどちらですか。X，Y の記号で答えなさい。
（2）この川を XY で切ると，川の下流側から見た断面はどのようになっていま
　　　すか。次の(ア)〜(エ)から 1 つ選び，記号で答えなさい。

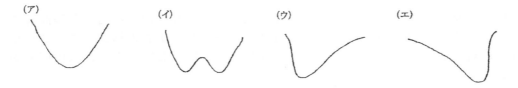

（ア）　　　　　（イ）　　　　　（ウ）　　　　　（エ）

（3）①しん食作用，②運搬作用，③堆積作用について，X と Y の地点でその
　　　強さを比較すると，強いのはどちらですか。X，Y の記号で答えなさい。

3 次のⅠ，Ⅱの問いに答えなさい。

Ⅰ．学校のような建物を建てるとき，地下のようすを知るために，ボーリング調査を行います。

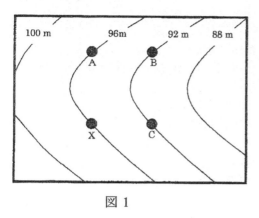

図1

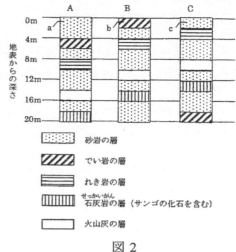

図2

砂岩の層

でい岩の層

れき岩の層

石灰岩の層（サンゴの化石を含む）

火山灰の層

　図1はある地域の地形図であり，図中の曲線は同じ標高の地点を結んだ等高線です。また，図2は図1の地点A～Cにおけるボーリング調査の結果です。この地域では，地層は曲がったり（しゅう曲）ずれたり（断層）しておらず，火山灰の層は1つしかないことがわかっています。

問1　図1の地点Xは，地点Aの真南で，地点Cの真西にあります。地点Xの地下8mまでの層の重なり方を，図2にならってかきなさい。

問2　図2の層a～cを，堆積した時代が古いものから順に並べて，記号で答えなさい。

問3　この地域の地層は，ある方向に傾いています。どの方向に低くなっていますか。次の中から1つ選びなさい。
　　｛北，東，南，西，
　　　北東，南東，南西，北西｝

問4　ボーリング調査の結果から考えて，地表にbの層が表れていると考えられる地点を図3の①～⑤からすべて選び，番号で答えなさい。ただし，③はCの少し西，⑤はBの少し東の地点です。

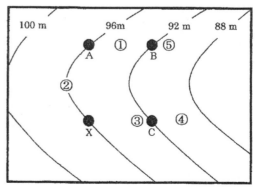

図3

問5　右の図は母親の子宮と赤ちゃんの様子を示しています。

（1）図中の A ～ C の名前を答えなさい。ただし，C
　　は，液体部分を示しています。

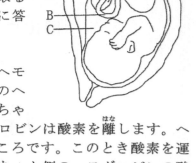

（2）図中の A は，母親のからだから酸素を受け取る
　　ところです。このことについて以下の各問いに答
　　えなさい。

①　母親と赤ちゃんの血液中には酸素を運ぶ「ヘモ
　グロビン」とよばれる物質があります。母親のヘ
　モグロビンと酸素が結合している状態では赤ちゃ
　んは酸素を使えないので，条件に応じてヘモグロビンは酸素を離（はな）します。ヘ
　モグロビンが酸素を離す場所は図中の A のところです。このとき酸素を運
　ぶ母親側のヘモグロビンと，酸素を受け取る赤ちゃん側のヘモグロビンの酸
　素と結合する性質はどのようであればよいですか。次の（ア）～（エ）から
　1つ選び，記号で答えなさい。

（ア）母親側のヘモグロビンは酸素を離しにくく，赤ちゃん側のヘモグロビン
　　　は酸素と結合しやすい。
（イ）母親側のヘモグロビンは酸素を離しにくく，赤ちゃん側のヘモグロビン
　　　は酸素と結合しにくい。
（ウ）母親側のヘモグロビンは酸素を離しやすく，赤ちゃん側のヘモグロビン
　　　は酸素と結合しやすい。
（エ）母親側のヘモグロビンは酸素を離しやすく，赤ちゃん側のヘモグロビン
　　　は酸素と結合しにくい。

②　母親の肺を出発し，子宮に運ばれる血液について考えます。肺で「酸素と
　結合したヘモグロビン」は，ヘモグロビン全体の 95 ％であり，酸素を離す
　ことなく A に運ばれます。A で「酸素と結合したヘモグロビン」は，ヘモ
　グロビン全体の 40 ％になります。母親の肺を出発した「酸素と結合したヘ
　モグロビン」のうち何％が A で酸素を離しましたか。小数第 1 位を四捨五
　入して，整数で答えなさい。

問6　赤ちゃんが生まれるとすぐに，産声（うぶごえ）と呼ばれる大きな声を出して泣きます。
　　これは赤ちゃんが何をし始めた証拠（しょうこ）ですか。

平成27年度

岡山白陵中学校入学試験問題

理　科

受験	
番号	

注　意　1．　時間は60分で100点満点です。
　　　　2．　問題用紙と解答用紙の両方に受験番号を記入しなさい。
　　　　3．　開始の合図があったら，まず問題が1ページから14ページまで，順になっているかどうかを確かめなさい。
　　　　4．　解答は解答用紙の決められたところに書きなさい。

（3）　3つのトンネル C，D，E があり，C から D への線路は上り坂，D から E への線路は下り坂，それ以外の線路とトンネル内は平らになっています。列車は車両全体が平らなところにあるときは時速 90km，車両の一部分でも上り坂にあるときは時速 60km，車両の一部分でも下り坂にあるときは時速 120km の速度で進みます。

列車が C から E に向かって走ると，C を通過し始めてから E を通過し終わるまでに　①　分　②　秒かかり，E から C に向かって走ると，E を通過し始めてから C を通過し終わるまでに 8 分多くかかりました。

もし全体を時速 60km で進むと，C を通過し始めてから E を通過し終わるまでにかかる時間は　①　分　②　秒より 14 分 46 秒多くなります。

①，②にあてはまる数を求めなさい。

4 縦，横の長さがともに整数である長方形の紙があります。この紙に，次のような
操作を行います。(**解答用紙には，答えのみを書きなさい**)

（操作）

①：その長方形から最大の正方形を切り落とす。

②：①をした後に，残った紙が長方形なら再度①を行い，正方形なら操作を終了
する。

このとき，操作が終わるまでの①の回数を『切断回数』，最後に残った正方形の 1 辺
の長さを『基本サイズ』と呼ぶことにします。

（1）　縦 123cm，横 156cm の紙の切断回数と基本サイズを求めなさい。

（2）　切断回数が 3 回，基本サイズが 1cm である紙の縦と横の長さの組をすべて求め
なさい。ただし，横の方が縦よりも長いものとし，例えば，縦が 2cm，横が 3cm
の場合は（2，3）と答えなさい。

（3）　長い方の辺の長さが 240cm で，切断回数が 4 回となる紙の短い方の辺の長さを
すべて求めなさい。

（2）　下の図のように，水平な台の上に1辺の長さが10cmの立方体が置いてありま

す。Aを下の図の位置に固定して，台上や立方体の面上でひもを動かします。この

とき，Bが動いたあとの線によって囲まれた部分の面積を求めなさい。ただし，

水平な台は十分に広いものとします。

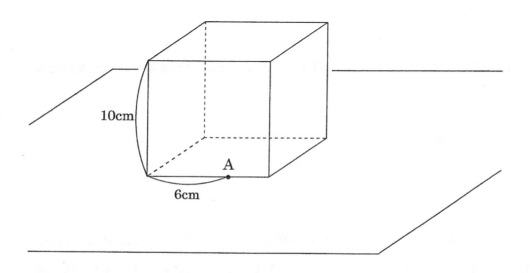

$\boxed{2}$ 次の各問いに答えなさい。(解答用紙には，答えのみを書きなさい)

（1） A，B，C のポンプが 1 台ずつあり，これらを使ってプールに水を入れます。プールを満水にするのに，A だけを使うと 28 分，B だけを使うと 35 分，A と C を同時に使うと 16 分 48 秒かかります。A と B を同時に使ったときにかかる時間は，C だけを使うときにかかる時間の何倍になるかを求めなさい。

（2） 下の式にあてはまるような A，B のうち，最も小さい整数をそれぞれ求めなさい。

$$\frac{2 \times A}{B \times B} = \frac{1}{324}$$

（3） 下の図のように 1 辺の長さが 6cm の立方体があります。この立方体を 3 点 A，B，C を通る平面で切断したときにできる立体のうち，体積の小さい方の立体の体積を求めなさい。

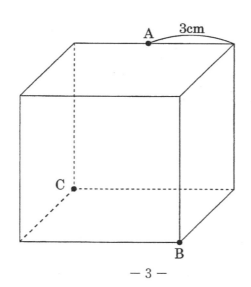

（5）　下の図において，①～④の部分に赤，青，黄の色を塗ります。隣り合う部分が
　　　同じ色にならないように色を塗る方法は何通りありますか。ただし，使わない色が
　　　あってもよいものとします。

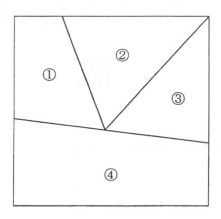

（6）　下の(図1)のような1辺の長さが10cmの正方形を点線部分で矢印の向きに折り
　　　返したところ，(図2)のように1辺の長さが5cmの正方形になりました。(図2)の
　　　斜線部を切り落として，残った部分を広げたときにできる図形の面積を求めなさい。

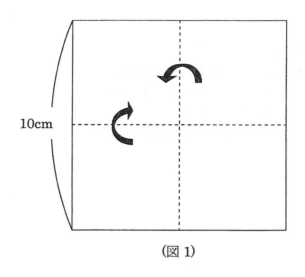

(図1)

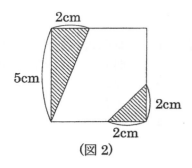

(図2)

平成27年度

岡山白陵中学校入学試験問題

算　　数

注　意　1．　時間は60分で100点満点です。
　　　　2．　問題用紙と解答用紙の両方に受験番号を記入しなさい。
　　　　3．　開始の合図があったら，まず問題が1ページから10ページ
　　　　　　まで，順になっているかどうかを確かめなさい。
　　　　4．　特に指示のない問いは，考え方や途中の式も書きなさい。

$\boxed{1}$ 次の各問いに答えなさい。(**解答用紙には，答えのみを書きなさい**)

（1） 次の計算をしなさい。

$$\left(\frac{1}{3}+3\frac{1}{2}-2\div\frac{12}{7}\right)\times 0.25\div\left(4-\frac{5}{2}\right)$$

（2） □にあてはまる数を求めなさい。

$$\left(3-\frac{3}{4}\div\square\right)\times 2+1\frac{3}{8}=6$$

（3） ある遊園地の入場料は 1 人 800 円ですが，50 人以上の団体なら団体割引で 1 人あたりの入場料が 2 割引きになります。この遊園地に 60 人で行ったときの入場料は合計で何円になりますか。

（4） あるクラスで生徒の身長を測ったところ，男子 25 人の平均身長は 136cm，女子 15 人の平均身長は 140cm でした。クラス全員の平均身長を求めなさい。

（5） 下の図のように半径 5cm の円の中に正方形があります。このとき，斜線部分の
面積を求めなさい。ただし，円周率は 3.14 とします。

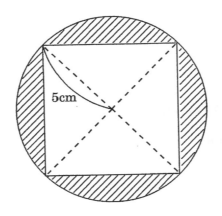

5cm

（6） 下の図のような 1 辺の長さが 10cm の立方体を頂点 A，B，C を通る平面で切り
分けます。切り分けてできる 2 つの立体のうち，体積の大きい方の立体の体積を求
めなさい。

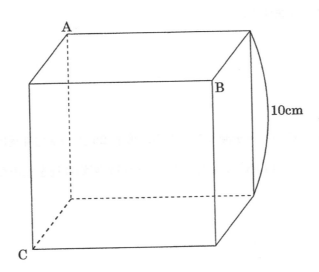

A

B

10cm

C

教英出版

3 3つの容器 A，B，C のそれぞれに，5%の食塩水 400g が入っています。次の各問いに答えなさい。

（1） 容器 A から 100g を取り除き，水を 100g 加えると，何%の食塩水になりますか。

（2） 容器 B に食塩を 10g と水を 90g 加えると，何%の食塩水になりますか。

（3） 容器 C に 1000g の食塩水を加えると，4%の食塩水ができました。加えたのは何%の食塩水ですか。

4 　10人の小学6年生に国語，算数，理科が好きかどうかを聞いたところ，それぞれの
教科について5人ずつが好きと答え，そのうち3教科とも好きと答えたのは2人でし
た。このとき，次の各問いに答えなさい。**(解答用紙には，答えのみを書きなさい)**

（1）　国語と算数が好きで理科が好きではないと答えた人が1人，算数と理科が好き
　　　で国語が好きではないと答えた人が2人，理科と国語が好きで算数が好きではない
　　　と答えた人が0人だったとき，どの教科も好きではないと答えた人は何人ですか。

（2）　国語と算数が好きで理科が好きではないと答えた人が1人，算数と理科が好き
　　　で国語が好きではないと答えた人が1人だったとき，理科と国語が好きで算数が好
　　　きではないと答えた人の数として考えられる数をすべて答えなさい。

（3）　国語と算数が好きで理科が好きではないと答えた人の人数と，算数と理科が好
　　　きで国語が好きではないと答えた人の人数と，理科と国語が好きで算数が好きでは
　　　ないと答えた人の数の組合せは何通りありますか。

1 だ液の中には，でんぷんを分解して糖に変えるはたらきをするアミラーゼが含まれています。次の【実験1】～【実験4】を読んで，後の問いに答えなさい。

【実験1】試験管 A～C の 3 本に，うすいでんぷん溶液を 5mL ずつ入れ，試験管 A には
ダイコンをすりおろし，ガーゼでこした汁（ダイコン汁）1mL を，試験管 B には
水でうすめただ液 1mL を，試験管 C には水 1mL を加え，3 本の試験管を 30℃の
水に 1 時間浸した。その後，ヨウ素液を加えて，色の変化を調べた。

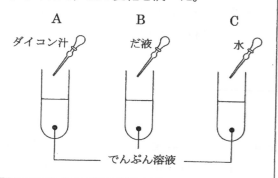

結果　試験管 A と B の液の色は変化
　　　しなかったが，試験管 C の液
　　　の色は変化した。

問1　変化する前のヨウ素液の色は何色ですか。次の（ア）～（オ）から最も適当なもの
　　を1つ選び，記号で答えなさい。

　　（ア）茶色　　　（イ）青むらさき色　　　（ウ）赤色　　　（エ）黒色　　　（オ）無色

問2　試験管 C の液の色は，何色に変化したと考えられますか。次の（ア）～（オ）から
　　最も適当なものを1つ選び，記号で答えなさい。

　　（ア）茶色　　　（イ）青むらさき色　　　（ウ）赤色　　　（エ）黒色　　　（オ）無色

問3　試験管 A と B の結果が同じだったことから，考えられることは何ですか。3ページ
　　の《選択肢》(a)～(i) から最も適当なものを1つ選び，記号で答えなさい。

【実験2】試験管 A'〜C' の３本に，うすいでんぷん溶液を5mLずつ入れ，試験管 A' にはダイコン汁 1mL を，試験管 B' には水でうすめただ液 1mL を，試験管 C' には水 1mL を加え，３本の試験管を5℃の水に１時間浸した。その後，ヨウ素液を加えて，色の変化を調べた。

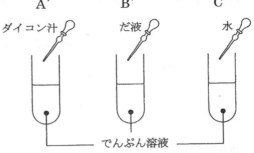

結果　３本の試験管の液は，すべて同じ色に変化した。

問４　実験１と実験２の結果を比べてわかることは何ですか。３ページの《選択肢》(a)〜(i)から最も適当なものを１つ選び，記号で答えなさい。

【実験3】試験管 D〜F の３本に，うすいでんぷん溶液を5mLずつ入れ，試験管 D にはダイコン汁 1mL を，試験管 E にはサツマイモをすりおろし，ガーゼでこした汁（サツマイモ汁）1mL を，試験管 F には水 1mL を加え，３本の試験管を40℃の水に１時間浸した。その後，ヨウ素液を加えて，色の変化を調べた。

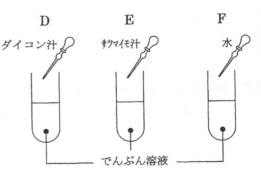

結果　試験管 D の液の色は変化しなかったが，試験管 E と F の液の色は，同じ色に変化した。

問3 右図のような器具を用いて，メダカの卵が変化する様子
を調べるために，卵を水草ごと取り，観察することにしま
した。器具Aと器具Bの名前を，それぞれ答えなさい。

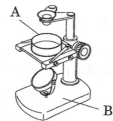

問4 次の図は，メダカの卵が変化する様子をスケッチしたものです。時期の早いものか
ら順に並べ，記号で答えなさい。

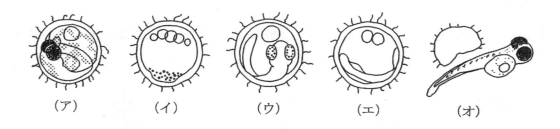

（ア）　　　　（イ）　　　　（ウ）　　　　（エ）　　　　（オ）

問5 メダカがすむ池や川の水中にいる生物について，次の（1），
（2）に答えなさい。

（1）右図の生物の名前を答えなさい。

（2）次の（ア）～（エ）のうち，生物の大きさを小さい方から順に並べたものとして，
最も適当なものを1つ選び，記号で答えなさい。

（ア）（1）の生物 → ボルボックス → ワムシ → クンショウモ
（イ）イカダモ → ワムシ → ボルボックス → （1）の生物
（ウ）ツリガネムシ → ゾウリムシ →（1）の生物 → イカダモ
（エ）ゾウリムシ → （1）の生物→ ミカヅキモ → ミドリムシ

問6　メダカを水そうに入れて，明るい場所で，次の実験を行いました。

【実験1】① 水そうに生きたえさの入った試験管を静かに入れると，メダカはすぐに近
　　　　　　寄ってきた。

　　　　② 水そうにえさの入っていない試験管を静かに入れると，メダカは近寄って
　　　　　　こなかった。

【実験2】① 水そうにえさをすりつぶした汁の透明な上ずみ液を，スポイトで静かに落
　　　　　　とすと，メダカはしばらくして近寄ってきた。

　　　　② 水そうに水だけをスポイトで静かに落とすと，メダカは近寄ってこなかっ
　　　　　　た。

【実験3】水そうの水を棒でかき回して水流をつく
　　　　ると，メダカは水流に逆らって泳いだ。

【実験4】右図のように，水そうの外側で白と黒が縦
　　　　じまになった円筒状の紙をゆっくりと回転
　　　　させると，メダカは縦じまの動きと，同じ向
　　　　き，同じ速さで泳いだ。

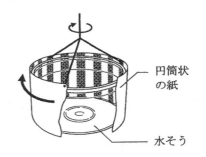

円筒状
の紙

水そう

（1）実験1の結果と実験2の結果から，メダカがえさに反応する原因となった刺激は，
　　それぞれ何であるとわかりますか。次の（ア）〜（エ）から最も適当なものを1つず
　　つ選び，記号で答えなさい。

　　（ア）温度　　　　（イ）光　　　　（ウ）におい　　　　（エ）音

（2）実験3と実験4の結果から，メダカは生活するうえで必要な，ある性質をそなえて
　　いることがわかります。それは，どのような性質ですか。簡単に答えなさい。

H28. 岡山白陵中
K 教英出版

問3　食塩水，砂糖水，うすい塩酸，アンモニア水，水酸化ナトリウム水溶液は，それぞれどのビーカーに入っていますか。A〜E の記号で答えなさい。

問4　実験3を行った後の水溶液をろ過しました。足りない実験器具を，解答用紙の図にかき込み，ろ過の正しい方法を完成させなさい。

ろ紙

問5　さらに，用意したうすい塩酸を用いて，次の実験を行いました。後の（1）〜（4）に答えなさい。

【実験5】うすい塩酸 100 cm³ に，いろいろな重さの石灰石を加えたときに発生する気体の体積を調べた。うすい塩酸 100 cm³ に，石灰石 0.25 g を加えたときには，気体が 60cm³ 発生した。また，うすい塩酸 100 cm³ に，石灰石 1g を加えたときには，気体が 120 cm³ 発生した。

（1）石灰石 0.25g を加えた水溶液に BTB 溶液を入れると，何色になりますか。

（2）発生した気体の名前を答えなさい。

（3）石灰石の重さを 0g から 1g まで変化させたとき，加えた石灰石の重さ（横軸）と，発生した気体の体積（縦軸）の関係をグラフに表しなさい。

（4）実験5で用いたものと同じ濃さのうすい塩酸 20 cm³ には，石灰石を何 g まで溶かすことができますか。また，そのときに発生する気体の体積は何 cm³ ですか。

$\boxed{4}$ 燃焼について，次の文を読んで，後の問いに答えなさい。

　空気は，体積の割合で約80%は（　A　），約20%は（　B　），その他，様々な気体が
わずかに混じり合っています。空気中では，ものはおだやかに燃えます。しかし，同じも
のでも（　B　）を集めたびんの中では，激しく燃えることから，（　B　）にはものを燃
やすはたらきがあることがわかります。

問1　本文中のA，Bにあてはまる気体の名前を答えなさい。

問2　下の図は，缶に穴をあけ，その中でものを燃やしている図です。このときの空気の
　　　流れを示した矢印の向きとして，最も適当なものを，次の（ア）〜（エ）から1つ選
　　　び，記号で答えなさい。

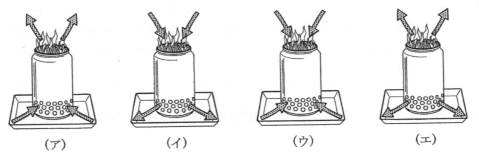

（ア）　　　　　　　（イ）　　　　　　　（ウ）　　　　　　　（エ）

問3　右図のように，底のない集気びんをねんどで密閉し，
　　　その中でろうそくを燃やしたところ，やがて火が消え
　　　ました。その理由を簡単に述べなさい。

ガラスのふた
底のない
集気びん
ろうそく
ねんど

問4　割りばしとスチールウールを，それぞれふたをした集気びんの中で燃やしました。
　　　実験後，ふたを開けたとき，割りばしを燃やした集気びんには空気は入ってきません
　　　が，スチールウールを燃やした集気びんには空気が入ってきます。このことから，ス
　　　チールウールを燃やした集気びんの中の気体の量が減っていることがわかります。
　　　　燃やす前と，燃やしてふたを開けた後の集気びんの中の気体に含まれる二酸化炭素
　　　の割合を比較したとき，燃やしてふたを開けた後の，二酸化炭素の割合の増減につい
　　　て，最も適当なものを，次のア〜ケから1つ選び，記号で答えなさい。

H28. 岡山白陵中
K 教英出版

問2　夕方，南の空に見える月は，どのような形に見えますか。次の（ア）～（カ）から最も近いものを1つ選び，記号で答えなさい。

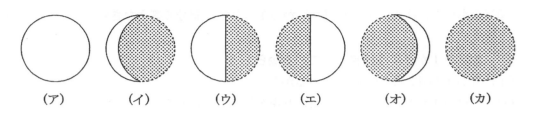

（ア）　　　　（イ）　　　　（ウ）　　　　（エ）　　　　（オ）　　　　（カ）

問3　三日月は，問2の（ア）～（カ）のうちどれですか。最も近いものを1つ選び，記号で答えなさい。

問4　三日月のときに，かげになっている部分がうすく見えることがあります。その理由として，最も適当なものを，次の（ア）～（エ）から1つ選び，記号で答えなさい。

（ア）太陽の光が地球で反射して，月に当たっているから。
（イ）太陽の光が月に当たって，反対側にもまわり込んでいるから。
（ウ）太陽の光はとても強いため，直接当たっていない所も，光って見えるから。
（エ）月は自ら弱い光を出しているから。

以下の問いでは，A君は地球上に，B君は月の表面上にいるものとして，答えなさい。

問5　A君からは満月が見えている日，B君が地球を見るとどのような形に見えますか。問2の（ア）～（カ）から最も近いものを1つ選び，記号で答えなさい。

問6　B君からは地球が半月のような形(向かって左側が光って見える)に見えている日，A君が月を見るとどのような形に見えますか。問2の（ア）～（カ）から最も近いものを1つ選び，記号で答えなさい。

問7　A君の所では，1日に1回ずつ昼と夜がありますが，B君の所では，約1か月に1回ずつ昼と夜があります。B君の所で，昼と夜が約1か月で1回の理由として，最も適当なものを，次の（ア）～（エ）から1つ選び，記号で答えなさい。

（ア）地球が1か月に1回自転しているから。
（イ）月が1か月に1回自転しているから。
（ウ）地球が1か月に1回太陽のまわりを公転しているから。
（エ）月が1か月に1回太陽のまわりを公転しているから。

問8　月食は，月がどのような形に見える夜に起こりますか。問2の（ア）～（カ）から最も近いものを1つ選び，記号で答えなさい。

問9　A君から見て皆既月食（月全体が見えなくなる月食）の時，B君から見ると地球と太陽はどのように見えますか。次の（ア）～（オ）から最も適当なものを1つ選び，記号で答えなさい。

（ア）太陽は見えるが，地球は見えない。
（イ）地球は見えるが，太陽は見えない。
（ウ）地球も太陽も見える。
（エ）地球も太陽も見えない。
（オ）月食の起こる時によって，太陽や地球は見える時と見えない時がある。

問4　図5のように，自由に動けるコイルと磁
　　石を置き，図中の矢印の向きに，電源装置
　　によって電流を流しました。コイルは図中
　　のア〜エのどの方向に動きますか。記号で
　　答えなさい。

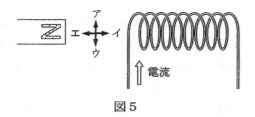

図5

問5　コーン紙の振動を大きくするためには，どのようにすればよいですか。次の(ア)〜
　　(エ)から，適当でないものを１つ選び，記号で答えなさい。

　　(ア)　電流の大きさを大きくする。
　　(イ)　磁石をより強いものにする。
　　(ウ)　コイルの中心にアルミニウムの棒を入れる。
　　(エ)　コイルの巻き数を増やす。

問6　コイルに流れる電流を，図6のように
　　したとき，スピーカーから出る音は，ど
　　のようになると考えられますか。次の(ア)
　　〜(エ)から，最も適当なものを１つ選び，
　　記号で答えなさい。

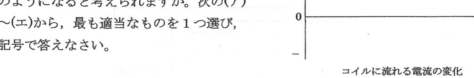

コイルに流れる電流の変化
図6

　　(ア)　音は出ない。
　　(イ)　一定の大きさの音が出続ける。
　　(ウ)　さまざまな大きさの音が出る。
　　(エ)　音が出たり，出なかったりを繰り返す。

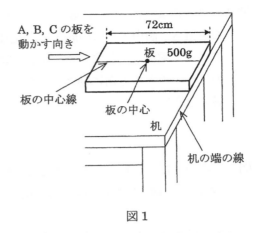

図1

7 次の文を読んで，後の問いに答えなさい。

　同じ形（長さ 72cm，重さ 500g）で，どこも同じ材質（同じ体積なら同じ重さ）の板を3枚用意し，それぞれA，B，Cとします。板の幅と厚さはどこも同じです。

　図1のように，上の面が大きくて水平な机の上に板を置き，板の最も長い辺（72cm）と机の端の線が直角になるように，それぞれの板を，動かすことにします。1枚の板を机の端から少しずつ出していくとき，36cm より長く出すと，傾いて落ちました。このことから，板の中心に重さが集まっていると考えてよいものとします。ただし，図2，図3，図4は，机の端の線が右端になるように，真横から見た図です。

問1　図2のように，Aを机の上に置き，その上に 500g の小球をのせました。Aと小球を動かして，机の右端からできるだけ遠くまで水平に，Aの右端を出そうと思います。ただし，小球は，図1に示した板の中心線上を移動させるものとします。

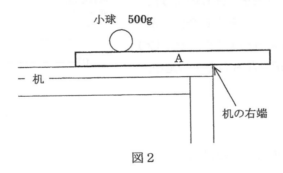

図2

（1）小球をAの左端に置いたとき，Aの右端は，机の右端から何 cm まで出すことができますか。

（2）小球をAの右端に置いたとき，Aの右端は，机の右端から何 cm まで出すことができますか。

（3）Aの左端から小球までの長さ（横軸）と，そのときAを机の右端から出すことのできる長さ（縦軸）との関係をグラフに表しなさい。

H28. 岡山白陵中
K教英出版

5

8点

(1)

A	午後	時	分	秒
B	午後	時	分	秒

(2)

午後　　　　　時　　　　　分

(3)

度

受験番号			得点	※100点満点